不可思議的力量三部曲之三

密宗黑教趨吉避凶的風水大法

The Incredible Transcendental Powers Part III:
Black Sect Tantric Buddhism Feng Shui Adjustment Methods

李是欣　著

蘭臺出版社

佛門密宗黑教法王　林雲大師

1998年冬，西藏本教最高領袖龍塔登珮寧瑪法王率本教高僧自印度專程前來美國，於加州柏克萊雲林禪寺及紐約林雲禪院分別為林雲大師及總持朱筧立小姐舉行坐床儀式，加封林雲大師為法王。兩位法王與仁波切於儀式後合影。

第十世班禪喇嘛於北京人民大會堂西藏廳，接見由林雲大師與已故雲林禪寺總監陳立鷗教授率領的朝聖訪問團。

林雲大師、陳立鷗教授與朱筧立總持三度率領密宗黑教同修朝聖密宗黑教第四階段的根源，即是西藏本土宗教苯教。苯教最主要的寺廟曼瑞寺坐落於印度北部的索南　住持即為現今本教最高領袖　龍塔登珮寧瑪法王。圖攝於瑞曼寺前左起龍塔法王林雲大師苯教最高資深上師天仁朗達仁波切與另一位苯教高僧上師。

西藏密宗黃教甘丹寺住持取義法王，亦為黃教始祖宗喀巴第九十八代傳人數度蒞臨柏克萊山莊雲林禪寺，傳法並舉行盛大千手千眼觀音灌頂法會。

西藏政治宗教領袖達賴喇嘛於印度菩提迦耶的黃教寺廟中，接見由林雲大師與已故雲林禪寺總監陳立鷗教授率領的密宗黑教印度尋根朝聖訪問團，並愉快的與全團四十餘人，會談一小時。

林雲大師與達賴喇嘛合攝於夏威夷年仲寺。左一為該寺前世年仲仁波切後立者為台灣檀香山副總領事陳興潔先生。

白教止貢派澈贊法王應林雲大師之邀至美國加州柏克萊密宗黑教第一廟雲林禪寺，為密宗黑教同修及僑界與中外有緣善士舉行盛大法會弘法。

被譽為尊貴尋寶者的西藏紅教最高領袖敦珠法王，於密宗黑教佛堂雲石精舍傳法後，與林雲大師合影。林雲大師手持祈福性手印為敦珠法王的健康祈福。

西藏密宗花教最高領袖薩迦崔金法王應邀至雲林禪寺傳法，會後愉快的與林雲法王會談；並交換意見。

繼紅教最高領袖般若法王數度於美國佛門密宗黑教第一廟雲林禪寺及台北雲石精舍佛堂傳法後，林雲大師率弟子四十餘人回訪般若法王。並於座落於南印度的白玉寺廟合影留念。

林雲大師與已故陳立鷗教授率團尋根朝聖時，於
印度新德里拜會西藏密宗白教領袖夏瑪法王。

佛門密宗黑教法王　林雲大師，與空行母
朱筧立仁波切於坐床典禮後合影。

林雲大師以佛門密宗黑教第四階段最高領袖的身份應邀訪問羅馬教廷，於梵蒂崗拜會教宗若望保祿二世受到熱誠接待。

1984年，美國前總統喬治布希在競選其第一任總統大位時，林雲大師應前共和黨主席祖炳民博士的邀請，於美國舊金山市為布希總統做了一次公開的佛教祈福儀式。

林雲法王推薦序

　　古人說「開卷有益」不管你信不信密宗，不管你知道不知道黑教，只要你細讀、精讀、慎讀是欣女史這本趨吉避凶風水大法，誠心誠意地去做，一定會達到心想事成的效果，俗語說「心誠則靈」，希望有緣的讀者諸君不妨一試，古哲有詩為證：「大道不過三兩句，說破那值半文錢，萬兩黃金買不到，十字街頭渡有緣」是欣是個善知識，日行數善，且頗有火柴精神，為了照亮別人，甘心焚毀自己。所以，我樂為之序。

林雲親筆

林雲大師簡介

　　林雲大師，台灣台中樹仔腳人。是創立佛門密宗黑教第四階段的一代宗師，也是享譽國際的宗教學者，及世界首屈一指的風水權威。1986 年，大師在美國加州柏克萊市，成立佛門密宗黑教第四階段第一廟「雲林禪寺」；1992 年又於柏克萊市成立「雲林禪寺別院──文化講

堂」；1996 年於紐約長島成立佔地八畝的第二廟「林雲禪院」；此外，世界各地也有數十間的佛堂「雲石精舍」。

　　大師長年旅居美國，邀約不斷地在世界著名大學、企業機構、宗教、文化、專業團體等等講學、祈福，將中華民俗文化，尤其是風水一門學問，推向國際學術殿堂，並廣傳於世界。

　　林雲大師曾榮獲美國北加州研究生大學頒贈人文心理學榮譽博士學位，對於大師致力於中西文化的融會交流，及給予人類人生指引和心靈慰藉所做的貢獻，予以特殊肯定。佛門密宗黑教第四階段淵源於西藏本土宗教本教—本教最高領袖龍塔登佩寧瑪法王亦曾遠自印度親來美國，加封大師為中原密宗黑教第四階段法王，這也是西藏本教有史以來對漢人賦予最高的榮銜。

　　大師現為美國加州聖地牙哥州立大學文學院兼任教授，歷年曾任史丹福大學東亞系客座教授，紐澤西州西東大學遠東研究所研究教授，舊金山大學多元文化課程客座教授，香港中文大學雅禮書院語文中心講師，台北語文學院講師等。

朱篁立仁波切推薦序

　　企盼大半年，是欣的書終於出版了，真是可喜可賀！書名《不可思議的力量》，也正是我們密宗黑教同修對上師　林雲大師的深深體會。書中所述，乃作者藉至「雲林禪寺」參加七日七夜禪七靜修的經驗為引，將從師林雲大師所學心得、學佛體會、及生活感受，娓娓道來，以一顆真誠虔敬的心來與讀者分享。

　　每每想到是欣，立刻就會聯想到她靈活明亮的眼睛，及爽朗敞懷的笑聲。這本書，文恰如其人，有著靈活而不拘一格的特性，天馬行空、隨心所欲的筆法，日記式的記錄卻穿插古今，讓我們看的目不暇給。書中內容資料極為豐富，有開示、有持咒、有講經、有儀軌、有修持、有哲學、有詩詞、有歷史、有民俗、有典故、有教法、有密法、有靈學、有政治、有社會、有家庭、有婚姻、有人生、有風水、有密醫密術、有心靈指導、有故事、有笑話等等、等等，五光十色，引人入勝，會讓讀者

不忍釋手。因為書中處處舖滿難得曝光的林雲大師的開示及教法，啟人冥思的禪機哲理，發人深省的醒世格言，珍貴難求的密法，旁徵博引的典故，噗哧一笑的幽默，尤其作者自敘她的感情世界與幸福婚姻，更拉近了作者與讀者的距離。

是欣是位虔誠用功的密宗黑教同修，誠心禮佛，恭敬上師，富同情心，她樂觀正面、欣賞幽默、不畏壓力的個性，經常鼓舞著我。數年前，在我們台北佛堂「雲石精舍」增加開放時間時，我請是欣每星期四下午去值班，數年來如一日，幾乎沒有缺席，不但幫忙佛堂雜事，帶領訪客上香，自己也勤加修持。在書中屢屢提到，在困難無助時，自己上香禮佛與靜坐持咒觀想，給予她平靜與力量來面對煩惱。用功的結果，佛緣更深，也讓她遠渡重洋，到美國「雲林禪寺」來參加我們殊勝的「禪七靜修班」，完成她的心願。

建議讀者在看完第一遍，有了概括印象後，應該再看第二遍，此時可以細細咀嚼，那麼便會發現，豐富的內容會讓你有豐富的收穫，尤其密宗黑教林雲大師的殊勝法門及不共傳的密法。是欣以「法佈施」的精神，誠摯的將她所學傾囊盡出，與讀者共享，與同修共勉，可敬可佩。辱承是欣囑我為序，鑑於好書難得一見，是以樂為之序。

推薦序作者朱筧立小姐現任佛門密宗黑教總持
美國非營利宗教機構「雲林禪寺」執行長
美國「林雲文化教育基金會」執行長
台北「財團法人佛門密宗黑教林雲大師基金會」董事長
美國加州聖地牙哥州立大學文學院兼任教授
國立台灣大學社會系法學士
美國喬治亞大學企業管理碩士
曾任美國生物醫學工程公司財務主管

自 序

　　年近八旬的林雲大師，他個人學習風水有六十餘載；教風水、看風水，至少也有五十八個年頭；在我追隨恩師十餘年的時光中；曾聽大師將所有的學生，歸納為三類：

　　第一類是「智慧型」的，舉一可以反三，聞一可以知十，偶爾他們也會先發現許多林大師還沒教到的密中密。

　　第二類是「務實派」，他不會讓人覺得聰明絕頂，但是也有他的智慧，學習方法都遵照大師說的、大師寫的，他們可以一字不漏的記錄，不短少任何一張圖像，記得清清楚楚；這類學生在替人看風水的時候，所有的入世解、出世解、密中密都會依循大師的傳授，原封不動，一成不變的告訴前來請益的人。

　　第三類同門學生當中，在課堂上就知道繳學費，不聽、也不記、不錄音、也不錄影，但是林雲大師在世界各地弘法講學、開課他都親自出席，絕對不缺課、也不缺席。

　　聽說大師最喜歡第三類的同學，因為他們純粹就是支持林雲大師，他們比任何人都愛護林雲大師，因為他們沒有聽，也

不知道如何問問題，別人問問題，他覺得問題很奇怪，問的人更奇怪。而本人是很隨興的學，因為大師傳授的範圍廣泛、余窮畢生之力、仍在「學無止境」的份兒上打轉，同門先進們在課堂上的提問、大師精闢的分析，每每讓我有「學然後知不足」又有「物超所值」的感受。

「不可思議的力量三部曲」這套書共分成三冊包含廣泛，從什麼叫風水、風水的基本原則、八卦的風水、裡面運用的方法、還有基本的出世和入世解的內涵、還有什麼叫三密加持、為什麼要給人看風水需收紅包，就像醫生或者是律師收談話費一樣、還有為什麼房子裡面的裝潢，好像床的設計、爐灶的設計、書桌的設計、大門的設計等種種的觀念基於「相對的方位」而不是「絕對的方向」；同時也注意到很多入世方面，建築師所應當注意到的細節；還有室內裝潢這種含有八卦五行、陰陽易理（易經的道理）和密意（密宗在靈學上的內涵）的設計，除了我們看得見的地氣、地形、房形、格局（主臥房、廚房、大門的位置和風水設計）、還有其他：如房子的「內因」：橫樑、樓梯、床的擺設、書桌、辦公桌、飯桌怎麼配置？爐灶應當擺設在什麼地方？大門應當開左或右？房間門和其他相對的關係、燈光的明暗、顏色的選擇，冷氣口及天窗，都是室內裝潢必須考慮的一項。

還有「外因」：房屋、家宅、庭院、工廠以外的環境，例如有沒有路沖？門前有沒有被大樹擋住？有沒有橋、河？或者是交叉路口、機場、殯儀館、電線桿、祠前廟後，或者是焚化爐、公墓和核廢料的儲放地點，還有現在陸地上的國門--與鄰國的國界、空中的國門--機場、海面上的國門--港口等等……。

除此以外，書中也談到了密宗黑教特別強調的，是肉眼看

不見的那部份，包括三密加持、九星行運、八卦配置、法輪常轉、宇內調氣、宇外調氣、前手問題，還有關於祈福、破土、驅邪、超渡、納吉、聚財、通靈、求神問卜、誦經持咒等等的特別儀式。讀了這本書以後，讀者會發現，林雲大師把傳統氣和風水的原理，引進國際學術殿堂，讓中外學生運用在現在生活上，和科學知識接軌，使生活在地球上的人，能適應自然，克服不良環境，得到最舒適的生存條件。

所以無論你的職業是企業家、建築師、環保專家、景觀風水設計師、心理治療師，人手一卷，讀了這本書會得到意想不到的好處。

美國和英國的一些理髮師也開始講「風水」。這種新式的美髮服務不僅給你一個好看的髮型，還把你分叉的頭髮治好了，還要平衡你的「陰陽」，使你的髮型與你個性的根本達到協調一致。像著名的好萊塢女演員兼歌星珍妮佛・羅佩茲以及傑林・霍爾等名人都接受這種旨在提高生活品質的理髮新觀念。

香港首富李嘉誠 1928 年生，廣東話將數字「8」讀做「發」，再加上那年是龍年，有算命師宣稱，李嘉誠生就了一條大富大貴的命。李嘉誠本人也相信風水，他在樓盤動工之前一定聘請風水鑑定師做指導，新聞圈的同業說：李嘉誠平時還將手錶撥快 8 分鐘，因為他覺得那樣老天爺也會助他「發」。而他的買賣也蒸蒸日上，如日中天。

與針灸、中醫草藥相比，澳洲人更相信八卦風水。在英語裏，「陰陽」、「八卦」和「風水」都是固定的詞，寫法就是中文拼音的原樣。「陰陽」一詞在歐洲許多大城市的書店裏經常出現，它通常是被印在名為《Yijing》（易經）一書的封面上。FengShui（風水）BaGua（八卦）Chi（氣）學在歐洲更是風行，

法國甚至有專門的風水學院。書店裏講風水的外文書，已經被修訂成了南半球版。

而家裏如果擺有太極、「金木水火土」、十帝、風鈴、水晶的陳設，都說明著主人品位受到中國絕學的影響不凡。

美國《洛杉磯時報》報導說，中國的風水已經流進了南加州的治安單位，布班克警察局局長史卡‧華納辦公室的書架上擺了一盆「幸運竹」，檔案櫃的角落放了石頭雕刻的流水盆景。他說，他想化解警察局的戾氣，創造辦公室的「詳和之氣」。

我們生活在一個全球化時代，身為漢族，我們的傳統價值應該好好為後代保存下來。從大師身上習得許多風水上的精髓，建議大家，行有餘力，還是多學點第二專長，弄清楚、搞明白、再說東道西；對我國傳統固有文化應吸收與創新，而不是簡單固執的否定。

今年開春，筆者將自己從大師身上習得的若干風水經驗與實務，匯整成這套書共三冊，如果能幫助到對現在自己不滿或者對將來懷抱不安的年輕人們，為他們點一盞燈，那正是我最感到高興的事。

根據我多年來的摸索和見聞，不論從事甚麼行業，專業化是通往成功唯一的路。要達到專業化的三個必要條件是「ASK」A 代表的是態度「Attitude」、S 代表的是技巧「Skill」、K 代表的是知識「Knowledge」，態度貫穿其中。

知識要淵博、技巧要精湛要訣就是累積，除非我們對從事的事務具有濃烈的熱誠，否則怎麼可能日復一日、年復一年，甘之如飴地做同樣的一件事？

世界經歷了瞬息萬變的一個世代，人類的文明進入高科技主導的世紀，風水這樣古老的觀念，當然有流傳的價值。

現代有不少人對「風水」感興趣，但又覺得很神秘。那麼究竟有沒有風水？什麼又是風水？

　　風水確實有，而且不管你相信不相信，許多人都飽受影響而不自知。

　　用現代話來講，風水就是人類按照他當時所知道的知識，建造一個最適合他生存的居住環境。然居住的環境跟自己的修養、性情都有密切的關係。

　　想要創造一個好風水是門大學問，記得二哥在課堂上說過，大家可以試這麼一個簡單的方法就是在自家臥房或工作地點，安裝兩面相對的鏡子，這兩面鏡子的作用是在相映之間的影像，將視覺神經拉長了，腦子的負荷量相對的就會跟著變鬆、變寬、變大，同時由於視覺神經不再緊繃於是忍耐力加強；人際關係也變得合諧。這是「密宗黑教風水觀」特殊廣泛運用鏡子的原理之一。

　　初學風水的時候涉獵越廣，困惑、困擾也遽增，因為有太多的「外因」「內因」要注意；還有許多「專案」在規劃藍圖的時候，事屬業務機密，不是因為各路菁英齊聚一堂，在課堂上聽到同窗舉手發問，舉出問題，經過二哥獨到的分析才能捕獲許多風水絕學上「密中密」，這類寶貴的知識，也不知道要上哪兒？跟誰學？因為大師「述而不作」、「不立文字」忝為門生，更盼望爾後還可以有好因緣，可以更詳盡的紀錄、整理手邊的素材。

　　親眼見到許多國際知名的建築師、都市計畫等專業人士、名商巨擘們；經常打探林雲大師的行程，這些人出現總要展示一大落的規劃藍圖請大師一一過目、指點。我這才明白林大師這套與時俱進的寶貴「風水觀」不知曾暗中幫助過多少「中外賢愚」。

「所謂」的高級知識份子在理性主導的現代主義，過度迷信科學，依賴科學，系統的分析去了解風水，自以為掌握了風水的要義，不瞞各位說，我是篤信風水中的吉凶論斷；放眼中外，林雲大師的功力跟靈力無人能出其右。

近年來國人可以透過電視、報章、雜誌，聽到大師為寶島祈福、為角逐總統大位的候選人祈福、為人類和平祈福，進而把它當成傳統文化中的思想習慣與行為模式。

林雲大師麾下的中外信徒，幾乎個個學過、運用過；我在書上所記錄的趨吉避凶調整風水的方法，世人自理性世紀進入感性世紀，對於超自然的現象已經漸漸地由「已知介」，邁向「未知界」的領域，開始對「未知界」發生高度的興趣的同時，西方的科學也學會放低傲慢的姿態，不再視當初追不上科學的落後的文化為迷信。

許多西方人開始相信風水，認同風水是古老智慧的結晶，與中醫的鍼炙一樣。

讀者有沒有觀察到台灣大街小巷都看得到的 7-ELEVEn，這個小寫的 n 字；還有一段風水故事呢？

這個問題當時我不清楚，後來仔細聽大師的課，驗證得知：小寫的 n 字；字形上就是個吸鐵石，（把鈔票通通吸進來）n 字看起來像個波浪，感覺起來比較圓滑、舒服，沒有稜角……。（7-11 在零售業可以獨占鰲頭的原因跟它招牌上面使用的 n 亦息息相關）所以風水上的應用、活用、妙用存乎一心，更是一種生活藝術的極緻展現。

風水是民俗中奧妙的學問，具有悠久的歷史，與中國思想中的「氣」習習相關，風水將風、水、氣與建築緊密結合，最終達到建築中人的吉利、昌盛。

趨吉避凶是風水所追求的最高目標，其魅力隨著時光的流逝而愈加撲朔迷離、引人探究！

本書記錄了許多筆者追隨林雲大師多年的「出世解」，這些風水的處方箋，讓讀者可以用更省時、省力、省錢、又省麻煩的妙方，來改善您的運氣，達到造命、撥運的效果。

所謂好風水，就是「風和日麗、水清樹茂」，你住的環境自己滿意，住得很歡喜。這統統都是人為「風水」在起作用。

有一句話：「福地福人居」。國人也特別相信風水可以改變命運，在英文裡其實也有類似的概念「Turn」轉，「Turn the table」就是中文所謂的「風水輪流轉」的意思。

欲想吉祥如意，只要潛心修福。讀者們：請記得最起碼要「日行一善」！

人有福，無論住到哪個地方，風水會隨我轉，佛家講：「境隨心轉」，就是這個道理。最重要的是調整自己：存好心、做好事、說好話、做好人，「諸惡莫作，眾善奉行」。那麼你無論居住在哪個地方，都會無往不利。

作者簡介

李是欣女士，出生於台灣省台中市。

國立師範大學社教系新聞組畢業

從事新聞、傳播、公關相關工作二十餘年，現為雲石精舍終身義工

33歲那年皈依佛門密宗黑教一代宗師 林雲大師門下。

圍於密宗黑教是一個奇特法門，專渡有特殊緣分的人，上師從不立文字，然這個法門卻非人人有緣親近，是欣將她追隨上師十餘載，所見、所聞紀錄整理，書中匯集有上師開示、講「理趣經」、講密宗黑教不共傳的「密中密」、個人心得、感應與啟示。「不可思議的力量」三部曲是她生平第一次寫書，當中有許多不可能且出人意料的神蹟、讓您不得不相信「信仰」的力量！

密宗黑教心易風水觀
Black Sect Tantric Buddhist Bagua

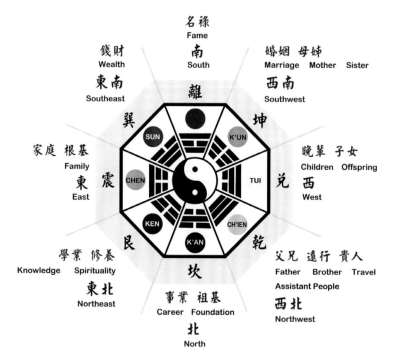

名祿
Fame
南
South

錢財
Wealth
東南
Southeast

婚姻　母姊
Marriage　Mother　Sister
西南
Southwest

家庭　根基
Family
東　震
East

晚輩　子女
Children　Offspring
兌　西
West

學業　修養
Knowledge　Spirituality
東北
Northeast

事業　祖基
Career　Foundation
北
North

父兄　遠行　貴人
Father　Brother　Travel
Assistant People
西北
Northwest

巽

離

坤

艮

坎

乾

SUN

K'UN

CHEN

TUI

KEN

K'AN

CH'IEN

目　錄
CONTENTS

佛門密宗黑教第四階段創導人　林雲大師

1986 年，林雲大師會見天主教教宗若望保祿二世，
是密宗黑教兼容並蓄的多元證明。

1987 年，林雲大師經黃大洲先生、柯文雄教授及李振清
教授等陪同，應邀到李副總統寓所，並於膳後攝影留念。

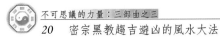

財神

「錢不是萬能的,但是在這個社會裡,沒有錢卻是萬萬不能。」林雲大師在授課時經常教導學生對金錢、財富應有的正確態度。大師的「金錢價值觀」認為,錢本身沒有對錯之分,而是人求財、用財的觀念及方法有對錯之分。大師經常引用一幅古聯:「錢有兩戈,傷盡古今人品;窮只一穴,埋沒多少英雄」。這幅對聯巧妙地應用了中國文字的結構,生動的描繪了金錢的影響與重要性。

我們看古今中外社會上的人情冷暖、世態炎涼,與金錢有不可分割的關連,許多因為金錢引起的爭執、糾紛、仇恨、罪惡等比比皆是。但是,錢也可用到正途,做慈善事業,救助需要以金錢解決困難的人或團體。可惜這個世界是雪中送炭的少,錦上添花的多。從許多醒世詩中,可讀出世人對金錢的感嘆與無奈,諸如:「時來易得金千兩,運去難賒酒一壺」、「富在深山有遠親,窮在鬧市無人問」等等。也有通達世事,看透人生的高人,對金錢的看法則是「無藥可延卿相壽,有錢難買子孫賢」,「榮華終是三更夢,富貴還同九月霜,老病死生誰替得,酸甜苦辣自承當」,「金也空、銀也空,死後何曾在手中」等等。有間財神爺廟的對聯寫的真好:「沒有幾文錢,你也求,他也求,給誰是好?不做半點事,朝來拜,暮來拜,叫我為難。」財神爺對貪財求財者之眾多,也不知如何應付。

大師有一首「論財詩」,說明「求財」與「貪財」之別:「莫謂求財便是貪,有錢方可濟時艱,取之用之若無道,覆舟容易載舟難。」錢猶如水,水可載舟,亦可覆舟,不可因貪財而誤入歧途,有錢時也應多行善濟困。

最後,大師硃書持咒為有緣者祈福納財之外,也提醒我們飲水思源,財愈發愈大,神佛不拜不靈(又有一說神佛不敬不靈)。對於我們的獲得,不論財富或是平安,都應心存感激,感謝諸神萬佛的庇佑。

(文字說明:朱筧立仁波切)

非因果報方行善，不為功名亦讀書

林雲大師經常在上課時提到這兩句話來教導密宗黑教的同修們，他說「善欲人知，不是真善」。不應該自以為做了一丁點好事，就冀盼著立得善果。「為什麼我做了這麼多善事，我的運氣還是這樣壞？」「為什麼我幫了某人這麼多忙，他還說我的壞話？」大師的回答是：第一，為得到回報或是為了虛名利益而做的善，善欲人知不是真善，何來善報？第二，密宗黑教認為「善有善報，惡有惡報」並不是絕對的因果關係，而是相對的因果關係。大師有個「多元緣生論」的理論，認為一件事情的發生是有很多不同的緣牽涉在裡面，因此做善事可能得善果，但並不是絕對一定的，只是會增加得善果的機會。

佛法裡面有六波羅密的修行法門：布施、持戒、忍辱、精進、禪定、智慧。布施又可分為財布施、法布施、及施無畏，可知布施行善是一個重要的修行方法，但是應該要有「非因果報方行善」的胸襟，也正如金剛經裡佛對須菩提所示的「菩薩應如是布施，不住於相。」

所有的宗教都是規勸世人行善，但是行善有時也要看每個人的能力、修為、機會等等。大師認為，若是個人能自律，戒除身、口、意十惡業，即是勿殺、勿盜、勿淫、勿兩舌、勿惡口、勿綺語、勿妄語、勿貪、勿瞋、勿痴、等等，也算是行善，所謂的「諸惡莫作」即是「眾善奉行」。

「佛說四十二章經」便是此理。讀書、求知識也應做如是觀，不是就為了考試、升學、就業才讀書，隨時看看報、雜誌、小說、詩詞、文學、歷史，甚至電視等等，古人說「開卷有益」，每天吸收一點新知識，久而久之，也會豐富我們的知識與常識。

（文字說明：朱筧立仁波切）

示佛門密示黑教同修

這一首詩，是我們的金剛上師林雲大師為密宗黑教同修開示所作，特地選錄在書上，希望世界各地的同修及有緣善士們也都能看到上師開示，而啟發正確的修持態度與方向。

林雲大師的教學範圍廣泛，自佛法佛理、靜坐修持、密醫秘術、氣學風水、命理占卜、詩詩詞警語、人生哲理、民俗研究、乃至書法、繪畫、金石等等，都是上課的主要教材。俗話說，「學無止境」，這也正是大師的弟子學生們追隨大師學習數十年的感受與心聲。

平日上師經常教導我們要尊重各個宗教和各個派別。他老人家經常引用胡適先生的一句話，來指導學生治學的方向：「為學要如金字塔，要能廣大要能高」。因此修顯密應並重，佛理與修持也是等量齊觀的。漸悟或頓悟，雖看修行者是利根或鈍根，大師認為也都是要精進修持方能悟道。大師也鼓勵學生們學禪宗、學淨土宗都可以，佛法八大宗，自己的根器適合那一個法門，就應該努力去修練，八萬四千法門，殊途同歸。

儒家孔孟思想的倫理、道德、禮教與道家老莊的自然和諧、清靜無為、反璞歸真的思想也是大師經常教導我們的做人準則及人生應有的態度。

出世與入世的配合是大師提倡的理念，出世解法更是大師智慧與功力的結晶。追求學問、探索智慧有入世的知識，有出世的知識，大師提出知識的範疇有已知界，有未知界，解決問題的方法有入世解，有出世解。按照易經陰陽的理論，入世為陽、出世為陰，陰陽二者要平衡和諧才周全，才合乎道。因此我們跟隨大師學出世解法，學出世與入世的並用，對我們的人生真是受益無窮。

婚姻家庭與待人接物的處事之道，大師提出「通氣」與「講理」的對比論。「講理」的結果是雙方各據一理，互不相讓，「通氣」則是諒解與寬容，凡事能忍讓為先，柔以克剛，則能將干戈化為玉帛，爭執不起，大事化小，小事化無。

「心經」裡修般若波羅蜜多法，第一個層次便是佛對舍利弗說的「色不異空，空不異色，色即是空，空即是色」。「色」是物質世界，是諸法萬象。「空」不是無，而是看透物質之假象，悟到空其之自性的境界。因此大師說「色空俱遁形」，即使修到了不著色相，也還要能証到不住空相，正如「金剛經」裡所說的「凡所有相，皆屬虛妄，見諸相非相，即見如來」。

大師詩末尾句的提示，是要我們深自警惕。「方識學佛路」，即使我們學習、理解、証悟到以上大師的開示，也不過是才開始踏上正確修行佛法的正道。

本文僅我個人對上師的開示一點淺薄瞭解，冒然寫來，是想藉此就正於上師、各位先進大德、道友同修，祈請不吝指正。

（文字說明：朱筧立仁波切）

佛

　　林雲大師硃書持咒寫的「佛」字，是許多信佛、修佛的朋友們希望能夠求得的墨寶。此幅「佛」字，莊嚴寧靜、靈氣盎然、栩栩如生，宛如一尊佛像在前，令人心生恭敬而拜之。廿多年前，夏威夷大島的年仲寺住持年仲活佛，聽到大師好友，國際知名的夏威夷大學植病系著名教授柯文雄博士敘述一個夢，並求其解夢。講到夢中大師如何以大手印救其溺於水中的孩子上岸，年仲仁波切當時一聽便說這位上師功力很高，如有機會希望能見一見。柯教授隨後即刻安排，從此林雲大師即與年仲活佛結下深緣。有一日，年仲活佛至大師好友陳興潔先生家，見到大師寫的「佛」字高懸佛堂，即說這個「佛」字很有靈氣，可當做一尊佛像供養膜拜。按年仲寺為藏密黃教主要寺廟之一，為掌管達賴喇嘛政府神喻之寺。年仲仁波切是轉世活佛，為該寺住持。

　　大師有一首近作，與「修佛」有關，來點化弟子，恭錄於後：「佛分大小乘，覺己覺人殊。慧根辨利鈍，成敗定於初。生滅隨緣至，枉費笑與哭。人世常代謝，浮雲任卷舒。」佛教有大小乘之分，有不同宗派，佛法亦有八萬四千法門，如何修行，端看眾生根器與宿緣之不同而有差別，亦因此故，個人証悟成就也有不同。如禪宗六祖慧能，雖不識字，也能悟道成一代宗師，但是我們要想想，從古至今，有幾個六祖呢？

　　大師硃書持無量咒祝無量福，為有緣善士闔府長幼祈福，並祝觀者順、念者安、得者福、存者壽，長幼平安、吉祥如意、心想事成。最後再附以密咒「嗡啊吽啥」來加持，並觀想佛光普照、賜福眾生。

（文字說明：朱筧立仁波切）

橫眉冷對千夫指，俯首甘為孺子牛

這幅行草是林雲大師以左手仿揚州八怪書寫的。大師寫字可以左右開弓，又可寫各種不同字體，是因為大師自幼受尊翁林子瑾（字少英）薰陶練字，及長又從師學習之故。大師文人氣息濃厚，對於古文、詩詞、書畫、金石都喜愛而鑽研之。大師左手的字獨樹一幟，姿態優美，筆鋒有型有力，這幅墨寶以魯迅詩句為題材，將魯迅剛正犀利，嶙峋不阿的氣節，生動活躍的表現於紙上。

林二哥欣賞魯迅的才與骨氣，經常在課堂上講授這首詩。「運交華蓋欲何求，未敢翻身已碰頭，破帽遮顏過鬧市，漏船載酒泛中流，橫眉冷對千夫指，俯首甘為孺子牛，躲進小樓成一統，管他冬夏與春秋。」這首以「自嘲」為名的詩，是魯迅的代表作之一。魯迅不願向當時政治、社會上的高官、權貴、富豪、惡勢力低頭，而甘心情願地為婦孺、弱小勢力、升斗小民及需要幫助的人做牛做馬、伸張正義。這種無畏無懼、直言不諱、剛正不阿、扶助弱小的氣節與精神，在中國社會實不多見。這與我們的上師很相近，大師結緣眾生，從不阿諛權貴，只以平等廣大的慈悲心度一切有緣眾生，無怪乎大師讀此詩會有「與我心有戚戚焉」的感觸。

大師經常題贈此聯送人，聯尾大師常以小字加註「余授魯詩，獨鍾是句，雖云石浪蕩江湖、周遊世界、廣交天下，所遇天下英雄豪傑甚多，各有所長，而有此節操稱得起此聯者，則寥寥無幾。故書此願與寺院精舍同修親朋好友共勉。」大師與魯迅相同的氣節，與教導學生的苦口婆心，於此數句中展露無遺。

（文字說明：朱筧立仁波切）

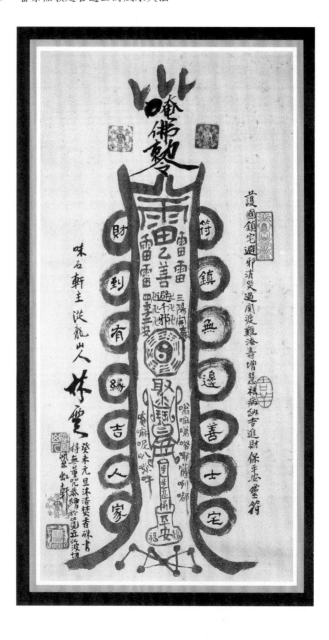

靈符

「畫符」可算是自古流傳的一種民俗藝術，道教、佛教與民間信仰均有沿用。蒙上一層宗教的色彩後，就使得符籙功用不一。由於在民間相傳，靈驗與否也是屬於個人經驗，因此有的人會說這是迷信，不予置信。有的人則是姑且信之，姑且用之。有用過符籙且得其解的人，會認為它有不可思議的靈驗性。密宗黑教尊重各個不同的宗教、宗派與信仰，也尊重每個人的看法，至於觀點的正確與否，要看個人的知識、常識、智慧與經驗來決定。

林雲大師研究蒐集民間信仰與民俗文化四、五十年，他認為「符籙」不僅是一個有價值、值得研究的民間藝術，更是中華民族先人創造並遺留的智慧，揉合了藝術的美感、宗教的含意與靈學的神奇效果，這也是西方藝術或信仰中所沒有的。

相傳首教張天師在畫符時有所謂的畫符法，事先要做畫符的準備。首先要叩齒三通，含淨水一口，向東噴之，並持咒曰：「赫赫陰陽，日出東方，敕書此符，盡掃不祥，口吐三昧之火，眼放如日光，捉怪請天蓬元帥，破疾用鎮煞金剛，降伏妖怪，化吉為祥，吾奉太上老君命，急急如律令敕。」

密宗黑教於畫符前也有一定的準備。首先要沐浴、焚香、靜心、意誠、硃書，並持無量咒，為得符者與觀符者觀想福納吉。畫時，右手作畫，左手持大手印，口中持真言，意念觀想，此時畫者的身、口、意與符相通一致。尤其落筆的第一點，要從無極、太極觀想到宇宙萬象，也是密宗黑教的一絕。

晉代著名學者葛洪，精研儒道，在他的「抱朴子」一書中記載，有道士以佩帶各種不同的入山符，來避除山川百鬼及虎狼蛇蝮之侵。我想，若是深入研究我們民俗宗教文化中的符籙及其功效，應是一個很有趣的題材。符籙本身是否即具有其靈力效用？或是需要畫符者的功力與符籙形式的配合才有效力？我想二者的答案都可說是，當然後者的靈驗效用要更勝一籌。

我們特地恭請林雲大師繪製一張靈符，希望藉著大師的智慧、功力、持咒與祈福，為所有讀者及親友加持，也為我們的國家、社會、同胞們賜福。林雲大師的靈符有著他獨特的藝術創作與靈力的配置。最上面的三個「✓」字領頭，代表了此符奉請三支令箭；「唵」字為真，言有多重解釋，此處或可觀想為佛光普照：「佛敕令」如下的祈福：符中有「五雷」護身（參閱註解二），「乙善」避千邪，六個「卍」字代表了法輪常轉，太極八卦代表了宇宙萬象；「聚寶盆」有納吉進財之效，右邊為密宗黑教登巴喜饒佛祖之根本咒，左為大明六字真言；其下畫著「寶瓶」意味著平安，平安即是福，寶瓶內插著一隻「竹籤」，竹報平安節節高；結尾則是九星行運圖，按照太極八卦圖行九星步，代表了調氣解運，除厄去災。讀者可將此符剪下，裝裱入框，懸掛在家中或公司、工廠、商店醒目的地方（最好是一進門即可看見），就會得到林雲大師靈符的庇佑與加持。希望有緣善士得此符後，千萬勿以等閒視之。

（文字說明：朱莧立仁波切）

耐煩

　　這幅「耐煩」墨寶，林雲大師是以漢隸書寫的。漢隸的字體渾厚凝重，給人平穩踏實的感覺。大師在「雲林禪寺」別院「文化講堂」講授書法時，教導我們首先要勤臨碑帖，多看名家真跡。臨摹應自甲骨始，舉凡鐘鼎、磚拓、瓦陶、竹筒等都應去練，然後再進入大小篆、草書、隸書、行書、楷書等等。如此勤練出來的字才有帖意、有書卷氣，往後才能脫俗，自成一格。從大師「氣」的理論來說，練字不僅陶冶心性，可以調氣。練字，也是訓練自己耐煩功夫的一個好方法。

　　「耐煩」二字下面的「耐煩詩」是林雲大師的詩作。原是應弟子楊朝凱、李是欣二位的請求寫「耐煩」二字時，靈感所至，便信手拈來此詩。憨山大師的「勸世歌」中有這麼兩行：「謹慎應酬無懊惱，耐煩做事好商量。」多麼有用的話！很多年以前，我曾在朋友家中也看過這麼兩句：「事距無須煩，迎於方寸間。」當時對我是個很大的提示，牢記在心。現在受到大師的教誨：「有煩終須耐，無耐不離煩。」人生要離煩瑣，豈是易事，只能鍛鍊磨練自己如何以耐煩的態度來處治。若是能夠修到大師這二句話的境界，就能將遭遇到的煩事，以樂觀積極的態度面對、解決。

　　有緣見到這幅墨寶與詩的朋友們，也希望您能從中細嚼思事，觸類旁通，以「耐煩」來鍛鍊我們的涵養功夫，對我們日常做人行事都會有莫大的幫助。

（文字說明：朱筧立仁波切）

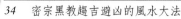

山河並壽

　　山是亙古長青，河是川流不息，自古以來文人即以山河來譬喻國家，意指希望國家猶如自然地理一樣永恆不變，如宋代名將岳飛書寫的「還我河山」、唐代詩人杜甫的詩句「國破山河在」等等皆是。

　　從民俗的聯語裡，我們也可自到將山河用作吉祥語，來譬喻人生的福祿壽禧，常見這樣的句子：「福如東海長流水，壽比南山不老松」，「禧如河海流不盡，祿似山高品亦隨」，很有祥瑞之氣。

　　林雲大師長年在國外弘法講學，卻是心繫故鄉，關懷寶島民眾。特於癸未二○○三年即將來臨之際，藉著羊年「三陽開泰」的吉祥，焚香、沐浴、硃書、持無上咒，來書寫這四個字「山河並壽」，旨在祝禱寶島振靡起衰，重振經濟、政通人和、國運昌隆，與山河並壽，日月同光。並祈祝世界各國也都能烽煙熄滅，和平相處，各國無辜善良百姓都能有安和樂利的太平日。

　　這幅吉祥的墨寶是取諸甲骨，而以小篆古籀文筆法寫成。大師的書法，不僅有高超藝術造詣，發揮了各種字體的文字美，與眾不同的是有宗教面與靈學面。大師常以硃砂摻和烈酒調勻的硃砂液來書寫，硃砂避邪納吉，烈酒有增強效力之功效。書寫前，大師都慎重的焚香、沐浴、持咒、默禱、觀想，為得到墨寶者及見到墨寶者祈福，希望他們闔府長幼都能得護身、鎮宅、納吉、進財、增慧、袪病、消災、過關、渡難、增福、添壽、保平安之庇佑。這幅墨寶更是為了我們的國家、社會、百姓的國運亨通、風調雨順、國泰民安而加持。

　　大師並親自蓋了落款下的二枚章子：「林雲」、「雲石」，一陰一陽，亦為三十年前大師親手所刻的。

（文字說明：朱筧立仁波切）

佛心仙術

　　有幸拜師林雲大師門下，並追隨大師逾廿年餘。大師的智慧、功力、慈悲及無怨無悔的菩薩下，是所有大師弟子們所尊敬及感佩的。「佛心仙術」來形容大師自是再恰當不過。在過去廿餘年中，大師在美國加州的柏克萊市密宗黑教第一廟「雲林禪寺」、紐約長島的第二廟「林雲禪院」、及加州聖馬刁市的佛堂「雲石精舍」、台北、台中的「雲石精舍」，都陸續不斷的邀請過許多高僧大德弘法講經，舉辦法，我們從他們的身上也看到了「佛心仙術」的光環。譬如西藏本土宗教本教最高領袖龍塔登瑪寧瑪法王、藏密紅教已故最高領袖敦珠法王、現在紅教最高領袖般若法王、白教已故上師卡露仁波切、白教止貢派澈贊法王、黃教已故上師年仲仁波切、黃教宗喀巴九十八代傳人甘丹取義仁波切、花教最高領袖薩迦欽仁仁波切、「西藏生死書」的作者索教仁波切、紅教上師開初仁波切等等，還有在美國、印度、瑞士數度拜見到的達賴喇嘛，在北京會晤的已故班禪十世活佛，在梵諦岡二度拜會的教宗保祿二世等等，還有許多的上師、高僧大德，無法一一列舉。「佛心仙術」從每位有智慧成就的上師身上自然散發，我們的感動、恭敬、親近、法喜之心油然自心底而生。

　　林雲大尊重所有的宗與所有不同的教派，經常訓示所有弟子遵從他毫無門戶之見的原則，大師也允許他的弟子們可以信奉自己原來的宗教，不論是基督教、天主教、回教、猶太教、軒轅教、理教、道教、一貫道，大同教、佛教各宗、各個傳承等等，也可以改信其他宗教，也可皈依其他有道行修持的上師，他經常說「聖人無常師」。大師無私、寬大、慈悲的胸懷，不就是「佛心」嗎？

　　林雲大師研究出世法與出世解，主張出世與入世並重，大師也精研蒐集民俗醫療，所謂的「密醫秘術」。數十年的度人濟世，從大師的經驗中知道出世解法與「秘術」有著不可思議的效果。大師鼓勵弟子們精進修持，勤加研究，希望也能以將所學以「佛心仙術」來濟世救人於急需。

（文字說明：朱筧立仁波切）

傳家有道　處世無奇

　　這幅林雲大師草書寫的對聯「傳家有道惟存厚，處世無奇但率真」陰陽有致，一氣呵成。大師卻謙虛的表示寫的不甚理想。但是在我們弟子的眼中，上師下筆時，先靜心、持咒、觀想，才仔細蘸墨落筆，寫時甚少停頓，故而每幅字都是氣韻生動，氣勢一貫，且靈氣盎然。

　　大師特意書寫這幅傳家對聯，心中必是有所感觸。在中國舊時的大宅弟裡，都會將傳世古訓或治家格言鑲在大門、廳堂、或書房的二邊，不但有書香門弟的氣息，同時也用以示家中上下及子孫後代，家風乃是有所秉承及遵循。諸如「勤能補拙，儉以養廉」、「忠厚傳家久，詩書繼世長」、「學海無涯勤是岸，青雲有路志為梯」等等也是常見的治家格言。

　　清末革新派的政治家提出「舊道德，新知識」的口號，在今日的社會，更覺是針砭時弊，迫切重要。我們打開電視翻開報紙，看看社會新聞，詐財、騙色，違悖倫理、姦淫、殺盜等等怪象、亂象叢生、層出不窮、無奇不有。我們周遭也會碰到有的人陽奉陰違，口蜜腹劍，妄語、綺語、兩舌、惡口者，比比皆是，自私利己者眾，敦厚待人者少，錦上添花人眾，雪中送炭者少。今日社會表面繁華進步，但是暗裡多少凶險罪惡。大師這幅對聯的含意，「心存仁厚，處世率真」看似老生常談，實是苦口婆心。

　　世人若能有「老吾老以及人之老，幼吾幼以及人之幼」的仁愛之心，將心比心，推己及人，待人處世能誠摯忠厚，社會雖不致達到「謀閉而不興，盜竊亂賊而不作」的理想，但也能使百姓安居樂業了。

（文字說明：朱筧立仁波切）

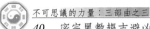

聚寶盆

　　書寫「聚寶盆」三字可以各種字體來寫，一般所見如楷書、草書、隸書、大小篆、行草等都有。但是像這幅以硃砂寫來，並將聚寶盆三字構成一個盆形來聚寶，就祇有在大師筆下才見到。大師寫字做畫時，往往匠心獨運，巧思妙用，有時依字句的含意來決定字體，以突顯其意；有時一幅書法以不同的字體搭配，或是硃砂、黑墨並用，不但展現畫面動靜的變化，也使畫面呈現陰陽平衡及藝術和諧之美；有時以文字畫配合題句，使畫面蘊含深遠的意境；有時又將字以畫的形態表現，似字又似畫，生動有緻，頗有創意的藝術表現。所以林雲大師的字畫，不但有深厚的書法造詣，也有著獨特的藝術創作，還具有盎然的靈氣。因為大師在書寫所有字畫時，都手結契印，心中默默持咒，為得畫者及觀賞者闔府長幼祈福納吉。在「聚寶盆」字畫下，大師持咒寫了密宗黑教財神咒：「嗡‧印噠咧‧木康噠嘛瑞‧梭哈」，密宗黃財神咒：「唵臧巴拉杜連塔耶梭哈」，及本教財神心咒（見字畫下方），以咒力來加持聚寶盆的效力。

　　有人問：「為什麼密宗黑教教人如何求財？」大師答曰：「第一，密宗黑教本著大叩大鳴、小叩小鳴、不叩不鳴的原則來回答問題，並不主動教人解法。第二，就求財來說，錢財本身沒有對錯之分，對錯在乎如何取之，如何用之。」大師有首「論財詩」勸誡世人：「莫謂求財便是貪，有錢方可濟時艱，取之用之若無道，覆舟容易載舟難。」大師將錢比做水，可以載舟，亦可以覆舟。錢財應取之由正道，切勿因貪財而誤入歧途。有錢時因多行善事，救助需要以金錢解決困難的個人或團體。錢雖然不是萬能的，沒有錢卻是萬萬不能，祇是我們對金錢財富應有正確的態度與價值觀，不貪踰份之財，不取不義之財，不慳吝餘裕之財，不揮霍已有之財。

（文字說明：朱筧立仁波切）

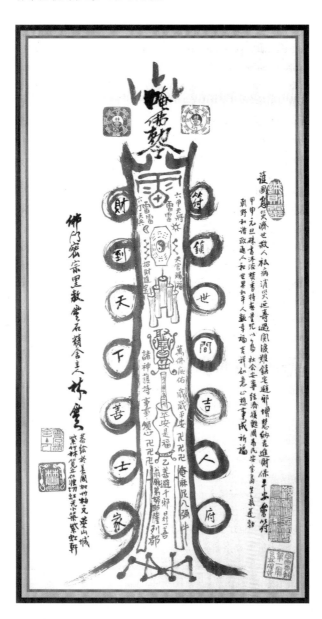

靈符

　　「靈符」源自於道教，流傳民間而逐漸成為一種民間信仰。民眾相信符可治病、護身、驅邪、鎮宅、進財、增慧，不同的符功用不一。由於在民間相傳，靈驗與否也是屬於個人經驗，因此有的人會說這是迷信，不予置信。有的人是姑且信之、姑且用之。但是，也有用過符且得其解助的人，會認為它有不可思議的靈驗性。密宗黑教尊重各個不同的宗教、宗派與信仰，也尊重每個人的看法，至於觀點的正觀與否，要看個人的知識、常識、智慧與經驗來決定。

　　林雲大師研究蒐集民間信仰與民俗文化四、五十年，他認為「符」不僅是一個有價值、值得研究的民間藝術，更是中華民族先人高士遺留給後人具有靈力的智慧遺產，揉和了藝術的美感、宗教的涵意與靈學的神奇效果，這也是西方藝術或信仰中所沒有的。

　　密宗黑教於符前有一定的準備：首先要沐浴、焚香、靜心、誠意、硃書，並持無量咒，為得符者與觀符者觀想祈福納吉。畫時，右手作畫，左手持大手印，口中持真言，意念觀想，此時畫者的身、口、意與符相通一致。符畫好封底時，一定要畫一個「九星行運」，觀想以九星步走遍八卦及太極，祈求此符的法力遍及宇宙，無遠弗屆。這也是密宗黑教符法特殊之處。

　　晉代著名學者葛洪精研佛道，在他的「抱朴子」一書中記載，有道士佩帶各種不同的入山符，來避除山川百鬼及虎狼蛇蝮之侵。我想，若是深入研究我們民俗宗教文化中的符及其功效，應是一個很有趣的題材。「符」本身是否即具有其靈力效用？或是需要畫符者的功力與某一特定形式的「符」配合才有效力？我想二者的答案都可說是，當然後者的靈驗效用要更勝一籌。

　　我們特地恭請林雲大師繪製這一張靈符，希望藉著大師的智慧、功力、持咒與祈福，為讀者及親友加持，也為我們的國家、社會、同胞們賜福。林雲大師的靈符有著獨特的藝術創作與靈力的配置，符的頂端先寫「唵佛敕令」恭請諸佛施令，再屏息持咒觀想，三密加持，以硃砂筆在唵字頂上畫三個勾「∨」，代表此符奉持三支令箭，要特別注意每個勾向上提起時，不可超過落筆的起點。祈請諸佛敕令如下的祈福：符中有「五雷」護身；有「五佛炮竹」驅邪鎮宅；有天官賜福、招財進寶；有「聚寶盆」可納吉進財；有「寶瓶竹籬」，「寶瓶」意味著平安，平安即是福，竹籬意涵竹報平安節節高；寶瓶二側共是六個卍字，代表了法輪常轉、佛光普照；其下右邊為大明六字真言「唵嘛呢叭嘧吽」，左邊是登巴喜饒佛祖根本咒「唵嘛啼嗲唎薩薩唎嘟」；結尾則是九星行運圖，按照太極八卦圖行九星步，代表了調氣解運，除厄去災。讀者可將此符剪下，裝裱入框，懸掛在家中或公司、工廠、商店裡，最好是進門即可看見，就會得到林雲大師靈符的庇祐與加持。希望有緣善士得此符後，勿以等閒視之。

（文字說明：朱筧立仁波切）

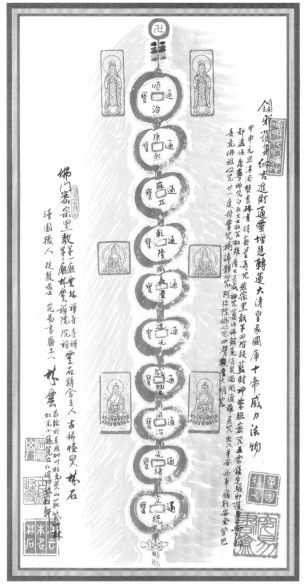

大清十帝皇室國庫鎮邪納財圖

此幅彩色十帝圖，是林雲大師以硃砂持咒畫出十個天圓地方的古錢，再一一鑲以金邊，不僅美輪美奐，乍看起來像金飾紅寶，有價值非凡之感。畫中十帝以紅線串之，頂結上冠以代表佛教的萬字「卍」，及四臂觀音咒大明六字真言「唵嘛呢叭嚼吽」的六個代表色：白、紅、黃、綠、藍、黑。大師作畫時，並默持無量壽咒、藍財神咒、五雷神咒、白衣大士靈咒、藥師佛解冤咒、登巴喜饒佛祖心咒、二十一度母靈咒、揭諦靜心咒、阿彌陀佛心咒及四臂觀觀音大明咒等十種靈咒來加持這幅法物畫，使得畫中的「十帝」不僅展現了它的尊貴、威嚴、富麗堂皇，也蘊含了盎然的靈氣。

所謂「十帝」，即是將清朝的十個皇帝——自順治、康熙、雍正、乾隆、嘉慶、道光、咸豐、同治、光緒以至宣統的寶通古錢以紅線連成一串，其意為代表了大清王朝十個皇帝的國庫財富。自民國以來，「十帝」為民間沿用附有意義的一件飾品，有大串，有小串，尺寸不一。但是時間一久，坊間一般百姓商家也不知道它確切的用途了。鑽研民俗學的林雲大師，將「十帝」做為密宗黑教風水調整的重要法器之一，使它的使用價值及靈驗功效，重新禪益大眾。「十帝」的功用正如大師在此畫的右首，鎮宅、避邪、護身、祛病、納吉、進財、通靈、增慧、轉運。懸掛時，應在「十帝」後襯以代表皇室的銘黃色絹布，以托顯它的富貴氣質及皇室的最高權威。

有緣讀者可將此幅靈力無窮的「十帝」畫裝裱入框，懸掛於家中、辦公室、商店、或工廠，最好掛進門正前方醒目處，會為您帶來吉祥如意、財源廣進、驅邪、鎮宅、祛病、延壽的效果。

（文字說明：朱筧立仁波切）

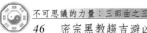
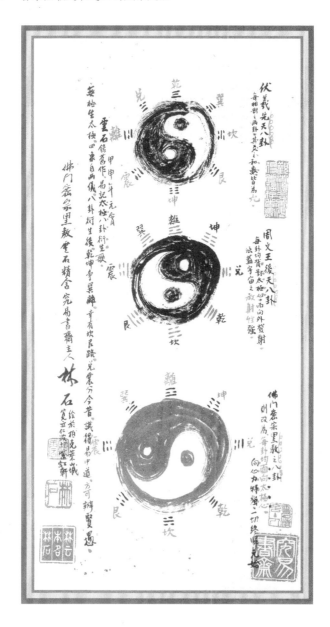

八卦

　　這是林雲大師上「易經」課時講解的八卦圖示，有伏羲先天八卦、文王後天八卦、及密宗黑教八卦。「易經」是儒、道、及諸子百家思想的共同淵源，可說是中華文化思想的根源。古來研究易經之易道、易理、易象、易數者極眾，易經的應用更是廣泛的影響了後世的哲學思想、文學創作、政治理念、社會秩序、倫理觀念、醫藥、占卜、堪輿、命理、讖緯，民俗等等。

　　易經之創作自伏羲畫八卦始，伏羲氏仰觀天象，俯察地理，畫八卦以代表宇宙萬物萬象。這是一個了不起的智慧與創作，把宇宙物無數法則歸納到八個簡單的符號。易經研究者將八卦的思想起源綜結到「無極生太極，太極生兩儀，兩儀生四象，四象生八卦。」如以下圖示，是為伏羲先天八卦。這八個卦象代表的宇宙萬物分別為：乾為天、坤為地、震為雷、巽為風、兌為澤、艮為山、坎為水、離為火〔見第一個八卦圖〕。先天卦八卦排列的次序為：天在上、地在下、乾坤相對、風雷相對、山澤相對、水火相對。由卦象看相對二卦爻之和數皆為九。

　　周文王又畫後天八卦，還是同的八個卦象，但是在八卦圖案中排列的位置完全不同了。為什麼要變換位置？這就是「易經」中不可思議的變易了。

　　眾說紛紜，其中有一說是，先天八卦歸納了宇宙萬物，而以八個卦象代表之，後天八卦則是在說明宇宙間的天文、地理、物理、人事的變化及運用的法則。我喜歡這個說法，因為頓時使易經變得多姿多采、變化萬千，而使無數學者鑽研其中，即使皓首窮經數十年，也覺得趣味無窮。後天卦的排列位置〔見第二個八卦圖示〕，每卦背對太極心而向外發射，顯示了涵蓋宇宙的放射性強。

　　大師畫的第三個圖為佛門密宗黑教之八卦，將文王後天卦改為每卦均面向太極心，顯示向心力特強，一切終歸元始。所謂心向內或心向外，是指卦象之上爻面向太極或背向太極，舉巽卦為例，巽卦之卦象為「☴」，上爻為「▬」，文王卦上爻面朝外，背向太極，密宗黑教八卦則是上爻面向太極，背朝外。

　　大師研究易經著重易經的實用面，而不是走學院派、考據派或章句學派。因此八卦的應用，在密宗黑教學說中是最重要的一個應用工具之一，尤其在風水上。

（文字說明：朱筧立仁波切）

鬼見愁

民間都相信陰曆七月是所謂的「鬼月」，傳說在陰曆七月初一鬼門關一開，陰間的鬼都放出來了，到七月底最後一天，所有的鬼重返地獄，鬼門關重新上閂。鬼門關開後，孤魂野鬼在陽間東遊西蕩，有的作怪嚇人，有的喊冤叫屈，有的要找替身，到鬼門關要關閉上鎖時，有的還會賴在外面不肯回去。聽起來的確怪嚇人的，因此民俗上相信陰曆七月是諸事不宜，舉凡婚禮喜慶、喬遷開張、修造動土等等都要避開陰曆七月。七月十五更被定為是中元節，所謂的中元普渡，即是各地大小廟宇、百姓家家戶戶，都在這一天拜祭亡魂，也藉此超渡所有過路的孤魂野鬼，不要來騷擾。

由於民間市井相信「鬼月」之說，千年來民俗上有各式各樣驅鬼避邪的方法發展出來以應付鬼邪，有請廟中和尚念經的，有請道士畫符作法的，或是張貼五雷驅千邪斬萬鬼的符咒在門上，也有掛所謂的八卦太極三光照妖鏡等等。

林雲大師研究民俗文化四、五十年，依照大師的研究所得及高超的功力判斷，他認為種種方法中最靈驗的是所謂的「鬼見愁」三字，萬鬼一見，就會走而避之。有人在鬼月時碰到一些詭異邪事，求助於大師，也有不少人請教大師，在陰曆七月如何自保。大師寫「鬼見愁」三字，以便讀者在陰曆七月時懸掛，幫忙我們平安渡過這個「鬼月」。

書寫時，大師沐浴焚香，持五雷神咒，並發願超渡眾生但勿傷及無辜，持大手印，屏息觀想，一氣呵成。寫完後，做通靈、破解、驅逐及祈福四種大手印，觀想五雷身穿凱甲、頭戴金盔之形象立時出現左右保護。

這張大師特地設計以黑底金字來寫「鬼見愁」三個大字，其旁還寫了「泰山石敢當」幾個字，在民俗學上，「泰山石敢當」有二種解釋：

1.中國的名山有所謂的三山五嶽，五嶽之首為東嶽泰山，不但山有靈力，山上的一把土、一塊石頭、一棵樹，取之於泰山，都足以擔當一切，舉凡所有邪魔、魑魅魍魎，一見泰山石就會逃之夭夭。

2.在泰山之地，有一位天不怕、地不怕，百戰百勝的大將軍名「石敢當」，祇要他在此，諸邪皆避走。

再加上大師的加持，這張「鬼見愁」有著幾重的靈力來鎮鬼驅邪了。

大師認為，不論大家相信民俗方法與否，在民間流傳的中華民俗文化，常深含著其宗教、靈學、心理、倫理的觀念，也是我們祖先遺留的智慧、知識與經驗的結晶。

（文字說明：朱筧立仁波切）

風水自然和諧最好

這幅黑墨太極圖摻以飛白，好像一個正在旋轉的法輪，法力四射祥光普照。也好像一個亙古運轉不已的地球，宇宙世界也隨之自然運行。林雲大師畫此圖的用意是預示地球不會毀滅，世界末日也不會到來，宇宙一切依然自然運轉。但是生活在地球上的人類，如何才能安居樂業過著幸福和平的生活呢？

我們看「易經」之「易」字，上為日，下為月，所以易經可說是陰陽之學。我們再看太極圖，陰陽分明，但陰中有陽，陽中也有陰，看來簡單的太極圖，卻蘊藏著宇宙萬物萬象及其運作法則，所以陰陽哲學的學問其實大矣！如將陰陽哲學應用到人生事理上，第一，要先分辨事相的陰陽二面，譬如剛為陽、柔為陰，動為陽、靜為陰，實為陽、虛為陰，正為陽、反為陰，得意為陽、失意為陰等等。第二，要瞭解所有事相中，陰陽二面不是絕對的劃分，而是陰中有陽，陽裡有陰。所以，一個人即使是上等命，也不會是一輩子順遂，總有上下起伏。一件事也不會是絕對的好到底，好中會有波折；也不會是絕對的壞，壞中可能有轉機。第三，要注意陰陽的平衡與和諧，這就牽涉到我們的智慧、經驗、品德、學問、人生觀與哲學觀等等了。因此在太極陰陽圖下，大師寫的是「道」的法則——「陰中有陽，陽中有陰，陰陽平衡，是謂自然和諧之道也」。大師並抄錄盼世界和諧的舊作一首：「風虎雲龍假亦真，水清樹茂見精神，自由自在充天地；然否否然格物新，和戰平分全世界，諧莊佈滿大乾坤，最是緣生緣滅處，好將大道告知音。」大師認為祇要有風和日麗、水清樹茂、合乎人類生存條件的好環境在，人類的氣就會欣欣向榮，永不凋敗。何況科學世界格物致知，不斷有新知識、新發明、新科技產生造福人類。大師說世界和平是理想、是希望、是目標，但自有人類以來世界就沒有一天和平過。縱使如此，人類仍需努力，全力以赴，以求達到和平和諧的目標。成效如何，也祇能盡人事而後聽天命，隨緣便是。但是任何對人類福祉有益處的新知識、新發現，不論物質面、精神面，都應宏揚於世界，讓世人共享。這便是林雲大師這首詩的寄望與祈福。

（文字說明：朱筧立仁波切）

無道人之短　無說己之長　施人慎勿念　受施慎勿忘
世譽不足慕　唯仁為紀綱　隱心而後動　謗議庸何傷
勿使名過實　守愚聖所臧　柔弱生之徒　老氏誡剛強
在涅貴不淄　曖曖內含光　行行匹夫志　悠悠故難量
慎言節飲食　知足勝不祥　行之苟有恆　久久自芬芳

江湖教客　林雲
丙戌元旦書後漢崔瑗座右銘時客紫虹女史
紫竹林　柏克萊山莊覓丘仁波切晚小築

百字銘

　　這幅大師書寫的「百字銘」究竟為誰所作，坊間有許多不同版本。最普遍的說法有兩個作者，一為唐太宗，一為文昌帝君。早年（1972-1979）大師在香港中文大學新亞書院（Yale in China）即雅禮語文研究所，教授外國研究生及外交使節團中文時，同事好友蒙籍名畫家于崇信教授曾提供這篇寶貴的資料做為教材。三十年後的今天，大師重讀這篇文章，覺得今日的社會風氣奢靡，追逐名利，崇尚虛榮，道德人心日益墮落，更是需要這樣警醒世人的文章來教育青年，給他們一個確的方向來調養心性、培養高尚人格品德。

　　大師取用一九七二年舊作，並以硃砂持無量咒圈點本文，以為所有看到這幅字的人，闔府長幼祈福納吉、增慧、延壽、進財、保康寧。再蓋以幾方頗富深意的石印：右上方蓋的閒章是「觀者順、念者安、得者福、存者壽」，右下角之壓印章為「諸惡莫做，眾善奉行」。我們可看出大師不僅作畫治學時態度嚴謹，費心構思，多方查證資料，就連用那方印，蓋在什麼地方，都十分講究。譬如右下角加蓋的一方「石含古今色，雲變有無峰」就包含了大師的字號、「雲石精舍」的齋號、及「雲石軒」的齋號。大師的細心、用心，都是值得我們弟子學習的。整幅字畫共有九方印，這是取易經中最周全、最剛強的數字。大師特別在于崇信教授的名字旁邊蓋了一小方印「心佛」，稱許于教授雖然不是吃齋唸佛的人，但是很有佛心，為人務實誠懇，提供這篇勸世醒人的教材，真是功德無量。其他兩方印「廣結善緣」及「以文會友」，也說明了大師平日的風範。

（文字說明：朱筧立仁波切）

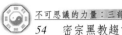

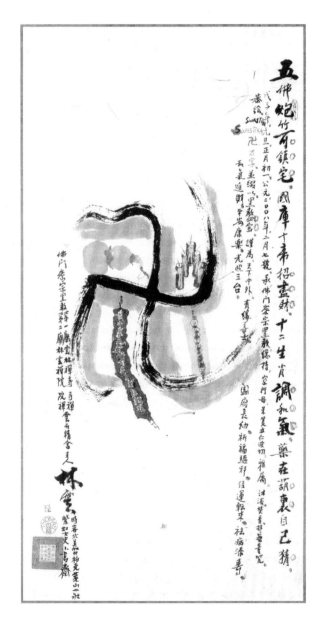

密宗黑教四寶

　　林雲大師這幅題為「密宗黑教四寶」的圖畫，構圖特殊，但饒富趣味，大師用他超人的智慧、慎重的思考、及出乎神技的靈感，將密意、靈氣融入藝術創作，仍呈現十足的美感，吸引眾人的目光與驚艷。大師將四件密宗黑教的法器：五佛炮竹、十帝、十二生肖、及葫蘆，畫在「卍」字法輪上。先以黑墨飛白勾畫出「卍」字法輪，再用淡墨灰，色亦以飛白筆法，在黑墨內圈描出另一個「卍」字，一陰一陽，龍飛鳳舞，呈現了一個立體感的「卍」字法輪，大師稱之為「四寶輪轉」。

　　大師並題詩曰：「五佛炮竹可鎮宅，國庫十帝招盡財，十二生肖調和氣，藥在葫裡自己猜。」由此可知，為什麼這四件法大師稱做寶物了。它們不但都是密宗黑教調整風水的重要法器，效果靈驗，而且用途廣泛，可驅邪鎮宅，招財進寶，還可調進佛光及祥和之氣，使得個人、家宅、公司、商店等等都充滿了平安、吉祥、喜悅、和諧。如果你問：「葫蘆裡賣的是什麼藥？」那麼，大師畫的那隻李鐵拐神仙葫蘆，裡面裝的是藥師佛的解冤、消災、延壽、過關、度難、保平安的藥，也是觀音大士大慈大悲、救苦救難的靈方妙藥。密宗黑教葫蘆法器，不但能收妖、驅邪，還可以吸進吉祥的喜氣、福氣、財氣、平安、順利的氣，所以是一件法力高強的寶物。

　　五佛炮竹也是驅邪鎮宅寶物，也有一飛沖天、一鳴驚人的神奇效果。十二生肖不但能調整流年的相沖相剋，還可以使夫妻關係、家庭成員、公司員工、合作夥伴等等和睦相處。十帝則是代表了清朝十個皇帝的國庫財富，天圓地方的古錢上，鑄有每朝皇帝的年號，自順治始，康熙、雍正、嘉慶、道光、咸豐、同治、光緒、以至宣統，民間以紅線連成一串，作為招財納吉的吉祥物。

　　林雲大師也持咒為天下中外有緣善士、闔府長幼祈福，祈祝驅邪、佳運轉來、祛病添壽，和氣進財、平安康樂、光照三台。

（文字說明：朱筧立仁波切）

空行母　仁波切　簡介

本書林雲法王的祈福墨寶，全係密宗黑教空行母　朱莧立仁波切編寫，筆者特此深表致謝之忱。

朱莧立仁波切是佛門密宗黑教總持

美國非營利宗教機構「雲林禪寺」執行長

美國「林雲文化教育基金會」執行長

台北「財團法人佛門密宗黑教林雲大師基金會」董事長

美國加州聖地牙哥州立大學文學院兼任教授

國立台灣大學社會系法學士

美國喬治亞大學企業管理碩士

曾任美國生物醫學工程公司財務主管

密宗黑教的風水觀

風水在西方
（林雲大師於第一屆風水大會演講稿）

　　主席、各位來賓、還有遠從世界各地來的專家、學者們，大家好！今天看到在座的各國專家學者裡面，除了有新的面孔以外，還有很多的老朋友、老同學，見到了這許多的「新知」與「舊雨」感到非常的高興。今天我的感觸很多，在二十年前，已經有很多的朋友建議我籌備、主辦一個世界性的風水大會，經過 1980、1983、1989、1990、多次的集思廣益、一直拖到現在，都「沒有實現」。如今，看到主席和大家的真誠合作，與克服一切困難的努力，使我非常欽佩與感動。尤其有很多老朋友非常熱心遠到來參加這次會議，以為是我主辦的呢！其實，由誰主辦並不重要，最要緊的是大家要合作，各派專家要摒棄成見，互相交流、尊重與學習，希

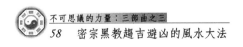

望大會能夠舉辦成功。這第一次世界性的風水會議，雖然不是我主辦，但是終於落實了，而且成功的揭幕了，我覺得非常高興，中國有句古諺說「有志者事竟成」。所以，我要特別向主辦人 James Moser 先生和各位支持與促成者致敬。

今天，在我心的深處自己告訴自己，第一件要學的事，就是要確切地了解「實踐」的重要性，可以說「實踐就是成功之母」。很多朋友和我所犯的毛病一樣，都是「先想先講」而「難於實踐」，考慮的太多而很難去實際實行；然而，有的人是「說了就做」，甚至於「做了再說」，以後有問題再改進，讓它更成功、更完美。如果在坐哪一位朋友和我有一樣的感觸，有很多想要做的事情而一直沒有做成的話，也應當像我一樣，今天學到了萬事的成功都要以「確切實踐」為首要之務。雖然，東方文化非常悠久、高深、神秘及有價值，確實值得探討與研究，然而從治學態度、研究方法的角度來看，能否切實實踐，還是西方戰勝了東方。

今天，我看到主辦單位分發的資料夾上寫的「同人」兩個字，「同人」在《易經》上有很多意思，其中有一義為「四海一家，大家同心合作」。我現在談到「同人」的用意，是希望藉以說明剛剛所提到的東方與西方的比較，並不是一定要把東方、西方分開，而是有「同人」中的「大同」的意思。所有人類應當走向大同世界，大家合而成一、志向一致，不管他是誰來發起，誰來主辦都應當熱烈響應、全力支持。

中國有句古諺：「禮失求諸野」，意指中原的高級社會、知識份子層面裡，五千年以來發展出許多的學問、禮節、知

識與哲理。然而，因為中原高層人士耽於逸樂而忘了這些學
識禮儀，最後沒有辦法，只有捨近求遠地向在野庶民求教，
甚至向其他藩屬小國「再」學習，將這些流傳出去的學問再
求回來。現在大陸和台灣的官方或者某些自以為是的、所謂
的高級知識份子並不重視風水這門學問，甚至把堪輿列為迷
信。所以在座的各位可能有一天會發現一種奇異的現象，就
是東方的學術研究機構來邀請你回東方去演講，傳授你在西
方、現在所學到的有關風水、靈學方面古老的東方知識。

今天演講的主題是「風水在西方」，西方的實踐精神、
研究精神要勝於東方；雖然現在我把風水自東方帶來西方，
可是有一天西方的風水知識會再被求回東方去，迴向東方的
工作就要靠諸位的努力了！現在風水在西方，除了研究中國
寶貴的傳統風水知識以外，再加入現代的科學理論、新的思
想和各位專家學者自己研究的心得，將來有一天當你把西方
所學到的風水再迴向東方傳授的時候，你會益發體認到你現
在所學的是多麼地有價值，多麼地對人類有貢獻。

佛門密宗黑教風水觀的特點

據我個人五十年來研究所得，風水的派別很多，有三合
派、三元派、九星派、嶺南派、道家諸派、雜家諸派、陰陽
學家諸派、佛家諸派……等等，各有所長，都值得深入研習。
而我個人所創設的是佛門密宗黑教黑冠派風水觀，為了避免
與宗教上的西藏密宗白教黑帽混淆不清，常簡稱「佛門密宗

黑教風水觀」。這一派是獨立的一家之言，在堪輿界別樹一幟，屬於最新的一支，可能也是最小的、最不受重視的、最沒有影響力的，但我們有我們的特色、有我們的重點。它和傳統的風水最主要的區別是：第一：佛門密宗黑教風水觀保有傳統風水的精髓和堪輿學基本的原則，主張心易風水、玄空八卦，除了「形」以外還注意「意」，因此並不以羅盤為勘查風水的唯一必要工具；第二：增加了很多「現代的」科學知識和理論基礎，並主張水調整時有出世解和入世解的分別；第三：摻以靈學和民俗宗教的意識，其中包括「顯法」與「密法」之分。這是佛門密宗黑教風水觀的特殊點，這些特殊點對西方人士來說，應當更是易於掌握、易學易懂，因為西方人士比東方人士更具備深厚的現代科學知識背景和探求真理的方法與精神。

　　若以密宗黑教風水觀與傳統風水來作比較，傳統式的風水多半以羅盤為主要的測量工具，注重「形式」（看得到的），例如地氣、地形、房形、格局、門窗、床、灶、橋樑、山、水、路道等等，還有方向以及命理—即將個人的「命」列為風水的考量因素之一，好像，東四命、西四命的說法等等。然而，密宗黑教這一派是非傳統式的，非傳統的意思並不是「反對」傳統，而是揉合了、包括了傳統思想，而且還有新的科學理據與現代說明。密宗黑教風水觀有其獨樹一幟的理論思想，除了包含傳統風水的「形」以外，還有「意」（看不到的）方面的重點：玄空八卦、宇內調氣、宇外調氣、法輪常轉、九星行運、八門配置、淨壇祈福、前手以及其他，

同時更必須配合三密加持，這也就是加入了靈學面和民俗宗教面的知識。

入世解與出世解

我們強調人生的道路上會遭遇到無數的困難，無論在事業、婚姻、錢財、健康、家庭等方面都有不同的困難，而解決的方法很多，可將之分成兩類，一為「入世」的解決方法，一為「出世」的解決方法。我們看得到的、感覺到的，我們覺得很合理的、有邏輯性的，容易被所謂的知識份子接受的這些解決方法，我們稱之為入世的解決方法—「入世解」，在《易經》的分類來說是屬於「陽」。相反地，你覺得不合理的、沒有邏輯性的、不容易被所謂的知識份子所接受的解決方法，我們稱之為出世的解決方法—「出世解」，在《易經》上的分類世屬於「陰」的解決方法。可是，這些不合理、沒有邏輯性的出世解可能它自身也有一套人類至今尚不可理解的道理與邏輯，並非真的不合邏輯、沒有道理。

學無先後，達者為尊

中國人說：「西學東漸」，意指西方的科學知識、民主思想盛行之際，這些思想與科技漸漸地影響了東方。西方確實有很多值得東方學習之處，然而有很多東方人卻有因此而完全否定東方文化的錯誤心裡，一味崇洋媚外。我們西方的朋友請注意，如果你必須向東方學者請教風水之學時，切莫從

學於這些否定東方之學的專家，否則所學所得可能不夠深入。有些東方人士一提及風水斥為迷信，一談到《易經》就認為是艱澀不值一學，這樣的東方人士是已經惑於西方科技而忘卻自己東方文化的精華。同樣地，正好像有的西方人士過於相信科學、獨崇科學，就變成「迷信」科學，對於風水或其他東方之學不加分析與研究直斥無稽信迷。今見諸君勤於學習靈學、風水、《易經》等東方文化，以我這處於西方社會的一個東方人的角度來看，各位實稱得上是西方社會中的先進份子、時代先驅。

東西文化各有所長，在研究東西文化時並非只是較長短、比優缺，而是首重個人學習的態度，彼此應當互相尊重、學習，截長補短。中國有句俗諺：「學無先後，達者為尊」，即學問的高低不在學得的早晚，不在計較東方領先發明或者西方提早發現，而是以先「通達」的一方為值得被尊敬者。各位汲汲於東方之風水、靈學、易經，此舉不只是可以補足只重科學、半身不遂之西方文化，使之益趨完整，形成整體之學；更足以喚醒癡迷於西學的中國人，讓他們也能重視古老的中國文化。

風水的定義

今日我們談「風水在西方」，事實上我們應當先了解風水在東方的情形。在古老的東方，早期人類為了生得應用已知的知識來克服自然或者順乎自然，所以我們說風水的定義

是：人類用當時已知的各種知識，來選擇、建築、創造一個他自己認為最適合他生存條件的居住、工作、生活環境這門學問叫做「風水學」。所以「風水」在人類之始即存在，風水的觀念在初民期即已形成，只是當時不以「風水」名之。例如，有巢氏認為樹上是最好的居住環境，所以他們在樹上築屋；山頂洞人覺得洞穴裡面才是當時最理想的住處，所以他們穴居。根據郭璞的《葬經》，一般人以為「風水」始於漢代，其實並非如此，事實上一有人類即有「風水」，這是密宗黑教對「風水」的一個新的認知，也是密宗黑教風水觀與一般傳統風水史的觀念不同之處。

治學的態度

有人批評「風水」是迷信、是旁門左邊，我皆舉雙手贊成，那是因為在治學的態度上，我尊重任何相反或批評的看法。可是，「迷信也是信，旁門也是門，左道也是道。」地球是圓的，要看你站在哪個角度來論事。為了說明正確的治學態度，我做了一首詩：「宇宙奧妙地球圓，誰是後來誰是前；左右正旁難離妄，覺迷也在假真間。」意即宇宙奧妙無窮，而且地球又是圓的；到底是你站在前面，還是我站在前面？地球是圓的，根本無從考究誰在前、誰在後。所以我在此對諸位勤於東方之學的西方人士要強調的是：你們的成就才會超乎那些鄙夷自己東方文化的東方人士，千萬不要以為東方人一定在前，在堪輿學、神秘學、靈學上不要有西方人

一定不如東方人的心理。或者，又有人批評哪個是左、哪個又是右，哪個是正門、哪個是旁門：其實所謂的左、右、正、旁，只是各人的立足點不同罷了，事實上都難離妄想、妄言和我執。所以，我常常警惕我的學生，不要批評任何派別。

「莫以矮化他人來抬高自己」；要掌握自己的經驗、瞭解自己的立足點，要能吸收他人的長處，一切只求自己努力、默默地耕耘。不是非得以批評別人、矮化別人的方法，來抬高自己的身價，才能是懂得風水。今天看大家能夠來參加第一屆的國際風水大會，已經證明大家放棄成見、不分東西、沒有你我，腳踏實地的在「自己」投入研究，「自己」正在努力，我非常高興與敬佩。

從研究學問的角度來說，人類還有太多「沒有發現、沒有瞭解」的知識，假如談到這些知識，有人就將它列為「迷信」。可能有人認為人類沒有發現、沒有瞭解的風水理論，十分奧妙，所以認為風水是球信。但是，有人雖然不瞭解，可是他知道這是「超知識」，這是未知界的知識，雖然人類到現在還無法完全普遍地瞭解，但並非這樣的知識不存在，這就是治學態度不同的結果。

治學的的態度有三類：將未知界的知識帶入已知界讓人瞭解，這樣的人我們叫他「先知先覺者」；將已知的知識再瞭解而接受的人是「後知後覺者」；並不瞭解已知界的知識，但是糊里糊塗地接受或糊里糊塗就堅拒的人，我們稱他為「不知不覺者」。

這三種人對出世解的看法亦有不同。第一類的人，他對

不知道的知識先抱懷疑的態度，他研究探討而瞭解之後，再求證，才決定接不接受。第二類的人，他也是先對出世解持懷疑態度，但是他心裡早已決否定一切新知識，拒絕接受一切新知識或超知識。他不知道的都說是迷信，等到先知先覺者證實了這些「超知識」之後，他才接受。在座有很多我的學生，已經自己開班授徒，在開始的時候他們也屬於第二類的人，就只是盲目的拒絕或盲目的接受；通常有兩種情形，一是不論你怎麼說他都不接受，另一是他認定某一他認為可信的人士接受了，他才跟著接受。

　　這次，我參加第一屆的國際風水大會就有一個感想。1973 年我初抵美國時，當時有很多人幫忙我，為我在各地安排演講例如經過梁定齊、張曉虹夫婦熱心的介紹，有祖炳民教授安排我在天主教舊金山大學，陳立鷗教授安排我在舊金山州立大學，王靖宇教授安排我在史丹福大學，楊覺勇教授安排我在西東大學演講，非常感謝這些結緣人的幫忙。當時我講《易經》、風水、密醫秘術等等，也有極少數的外國學生覺得莫名所以，不知我在說些什麼。但是，經過卓以玉博士帶回聖地牙哥州立大學講授，經過 Sarah Rossbach 寫了三本風水著作並先後翻譯成德文、義文、泰文、法文之後，我再到西方、歐美社會演講，人們才瞭解何謂風水。所以，此次大會主辦單位未能邀請 Sarah Rossbach 與會，實在很遺憾。在座有很多人事實上都是無名英雄，幫了我很多忙，經由你們的講學、介紹讓很多原來不瞭解我在說些什麼的人瞭解所以。我現在看到在座諸位有很多新書正在孕育之中（觀

眾們會心大笑），我非常謝謝有很多人在書中提到密宗黑教、提到我的名字，不管是批評或讚美，我都非常感謝！

這幾天的大會中有很多小型的研討會，我希望大家儘量參加，因為中國人說：「三人行必有我師」。好像，雖然我現在是站在台上教學，但是，台下的朋友並不只是學生而已，有很多事實上是我的老師。因為，如果我們交換意見，自然可以教學相長，我會學到很多；即使我們不交換意見，你坐在台下不說話，我從你的「氣」的情形也可以學到很多。

鶴立雞群？雞立鶴群？

中國有句俗話：「鶴立雞群」，是說鶴站在雞群之中，牠覺得自己最高。在社會中不管是企業界、學術界、軍界、風水界、靈學界等等，都有很多高人，他們就像是鶴。可是，請大家注意，如果你覺得自己是鶴的話，也應當和我一樣，要時常檢討自己。因為可能有別的雞有一天變成鶴了，和你一樣高了，甚至於高過你了，你還以為仍是自己最高，別人都還是雞，自己仍是唯一的鶴。所以，時間不斷變換，我們應當隨時進步、隨時研究，不要以年齡或學的先後作為衡量高低的標準，個人的功力深淺才是實在的依據。

其次，除了「鶴立雞群」之外，我還要告訴大家「尊師重道」。有人在學習之後，忘了自己的老師，那還算好；有的甚至看不起自己的老師，這就是有問題了。這種現象在東、西方都有，好像，有人念小學的時候覺得小學老師非常

偉大，等到念完初中、高中、大學、研究所，再回來看以前的小學老師，覺得他什麼都不懂。可是在東方文化裡，只要他曾經是你的老師，即使後來發現他的學問已沒有你好，你仍然應當尊重這位老師，這樣的思想叫做「尊師重道」，中國古諺有云：「一日為師，終身為父」。

今日能應邀至此演講，不管我現在究竟是「雞」還是「鶴」，已有被尊師重道的感覺。今日看到在座有很多我的學生聽演講，他們並沒有自恃其高，還能夠帶著自己的學生來聽演講，我覺得非常欣慰。這樣的情形在東方已經很少了，現在西方仍然看得到，所以我說西方的治學精神是值得東方學習的。我看到很多我的學生在他們的著作上或是開課的宣傳品上，提到他是跟我學的，或是他是跟我的學生學的，我覺得非常高興。這種能夠溯本追源、不忘本、有良心的人，將來他研究風水會有更高的成就。

我在世界各地演講時均提到東西文化的趨勢，風水現在西方開始熱絡起來，這正說明西方文化已接受東方思想，正在突飛猛進、益趨完整，已不再是半身不遂的文化；反之，東方文化卻越來越變成半身不遂的文化。以前我剛到西方的時候，只是在各大學的亞洲研究學系、東方學系談《易經》；可是，現在世界各個有名的機關學校，包括英國牛津大學、德國的慕尼里大學、美國的 UCLA、柏克萊大學、哈佛大學醫學院、MIT 的建築學系、還有建築師學會、房地產學會、聯合國超心靈學會等等都請我去演講、開密集班。這可以看出西方人士學習東方文化的精神非常可佩、他們由懷疑而研

究探討，在經求證才接受、學習，而不是一味斥之為迷信。這是我的經驗，立在世界各地講學可能也遭遇到被只為迷信的經驗，請不要灰心，要知道你研究的是屬於未知界的知識，你自己正在走的是先知先覺者的路，所以請大家要珍惜自重。這一、二十年來，我們推廣宣揚風水、《易經》的文化對世界各地、各階層都有一定的、不同的影響，我講學的範圍也比以往寬了許多。因此，我希望大家順著這條路去研究，相信終有一日大家一定變成真正的「鶴」，屆時若在街上看到我這「老雞」請大家多予尊重、支持、鼓勵與愛護。

蓮卦歸一修持法

因為在座有很多來自世界各地的風水專家，所以雲林禪寺總持朱筧立小姐特別請我介紹一個與風水有關「蓮卦歸一修持法」。

首先，手持「靜心手印」，默念九遍「靜心真言」。左手在上，右手在下，兩個大拇指碰在一起，這是「靜心手印」；如果大拇指向內轉動，就是「動心手印」。你胡思亂想、心靜不下來的時候、悲哀的時候，做「靜心手印」可以幫你靜下來；你如果希望別人和你想法一致，能夠了解你的思想，那麼可以做「動心手印」。

我們做手印（身密）的時候也要同時做「三密加持」中的另外二者─口密與意密，就是口唸真言，心中觀想。有人說，你做手印什麼用呢？只是一個手勢而已，有什麼用呢？

可是我以前的軍訓教官告訴我們，在戰爭的時候，手印救了他一條命！他每次到戰場上就舉起雙手做這著手印（投降狀），救了他很多次，所以千萬不要忽略了手印的效果（觀眾大笑）。至於「口密」，我們經常唸的是「大明六字真言」─唵嘛呢叭嚩吽，如果你覺太難唸的話，你可以唸「Oh, Money pay me home」！如果你說，只要唸三個字或四個字母，不用六個字，有人就會打起來、會出人命。另外，觀想也很重要。中國人常說「心想事成」、「說曹操曹操就到」，不只中國人有這種經驗，西方人也有同樣的說法，好像「speaking of the devil」，這都是觀想效力的鐵證。

　　現在，在座有人心想，為何還不趕快教我們持「動心手印」時要唸的「動心真言」呢？有人也許要賣房子，希望用了動心術可以多賣時幾萬錢；有人要做生意，希望用了動心術可以順利成交，而且多賺一些；有人準備要求婚，希望動心數可以馬上求婚成功。動心術中的動心真言是密中密、是極密的真言，普通不輕易傳授，通常在非常特殊的情形下才個別傳授，因為唯恐若有妄傳，會有使用不當，傷害他人或貽害社會的情形發生。雖然如此，如果你只持動心手印而且能夠誠心的觀想，即使沒有口密真言的配合，如不適用來害人或專為利己，仍然會有效果。如果你使用動心手印來幫助別人，一定會有效果；但是假如你是用來害人，那麼，惡果反而會發生在你的身上，或者你兒孫的身上。為了避免你自己及你的兒孫招禍，更是不輕易傳授動心真言。

　　現在，我們手持身密─做靜心手印，口唸口密─唸靜心

真言九遍（《般若波羅密多心經》最後一段：「揭諦揭諦，波羅揭諦，波羅僧揭諦，菩提娑婆訶。」），心想意密—觀想你自己為壇城的中心，自己是太極，有八尊金身的佛出現，圍繞在你的四周。密宗黑教尊重任何派別的宗教信仰，如果你有不同的宗教信仰，你可以想像是不同的神祇出現圍繞著你；基督佛徒，可以想像有八尊基督出現，回教徒想像是八位阿拉神，猶太教徒想像是八個上帝出現了。

　　然後，想像在你右後方的「乾位」有一尊佛，佛腳下踩著一朵八瓣的粉紅色蓮花，蓮花將佛托起、飄了起來，佛越飄越小，飄落在你的頭上。佛從你的頭上沉入至心中，我們常說：「明心見性」、「心即是佛」，所以你想像心中有佛，佛在心中慢慢壯大。佛的形象充滿你全身，佛的頭充滿了你的頭，佛的金剛無漏智充滿你的智慧；佛的大慈大悲圓滿心充滿你的心。佛慢慢壯大充滿你全身，變成「佛我合一」，佛就是你、你就是佛，你擁有佛的無邊法力。因此，你做的風水鑑定會很正確，你決定的風水調整法就是你的決定，對所鑑定的家庭會有不可思議的幫助。密宗黑教的八卦是「心易八卦」，不必拿羅盤，你必須背下來每一個卦位及其所代表之事。「乾位」代表父兄、貴人與遠行，所以你想像住在這間房子的人會得到貴人的幫助、遠行順利、父兄或者家庭的領導人一切平安順利。

　　以同樣的方法，你想像代表事業、祖基的「坎卦」，代表學識、修養的「艮卦」代表家庭的「震卦」，代表錢財的「巽卦」，代表名祿的「離卦」，代表婚姻、母姊的「坤卦」，

代表子女的「兌卦」，各有一尊佛分別以同上的觀點方法充滿你的身體，就各個卦位所司的不同事物來為居住人祈福。

　　然後，你觀想連同你本身一起，加上乾、坎、艮、震、巽、離、坤、兌的八尊佛，一共有九尊佛站在同一的空間。你與九尊佛合而為一，你的身體在發光、發熱把一切前世帶來的業、這一生造的孽、下一世會帶過去的惡因惡果都洗刷掉了；你所犯的身業—殺、盜、淫……等等，口業—兩舌、綺語、妄語、惡口……等等，意業—貪、嗔、痴……等等也洗刷掉了；你一切倒楣的氣、病、邪氣……都沒有了。你擁有佛的法力無邊，你在發熱、發光。

　　你的佛光射到十方三界萬佛的身上，萬佛放光迴向到你的身上。你在想像佛光照到六道眾生，眾生由苦而樂而安逸，眾生的佛光再回到你的身上。然後，你想你的光射到你的老師身上，希望你的老師也身體健康、萬事如意，不管你的老師是誰，是 Steven Post 也好、Barry Gordon 也好、是宋明儒也好、卓以玉博士也好、Katherine Metz 也好、Nancy Santo Pictro 也好、Juan Alvarez 也好、何琳也好、或者是 Sarah Rossebach 也好，你想像你的佛光射到老師身上。當然如果你也能夠想到你的老師的老師，那麼我也非常的謝謝你（觀眾會心一笑）！然後，你再想像佛光照到你的家、公司、工廠……，像卓以玉博士畫的法輪一樣的「法輪常轉」在你的家、公司、工廠洗刷晦氣。佛光再射到親友的身上，為他們消災祛病保康寧。然後，你想像萬佛的光、與你自己的佛光回到你的身上，在你身上有萬佛的光與九尊佛的佛光融合在

一起，在身體裡轉來轉去，你與佛光會而為一，與宇宙造化融合在一起。你可以發願，希望身體健康、靈學修持精進、樂於助人……等。最後，你唸「唵嘛呢叭嚩吽」九遍。

請大家注意！蓮卦歸一修持法，你自己練的話可以增加你的靈力、智慧，可以促進身體健康、身心平衡，會增加你的耐心、寬容力，可以調整你的運氣，你的人際關係與事業發展都會得到好處。請你注意，在這個修持法裡，你是站在太極明堂的部位，太極是八卦的中心，代表宇宙的中心；八個卦位代表宇宙間的萬事、萬物，而所有八個卦位所未能囊括的事務則都包括在太極裡面。

你在家裡練這個修持法可以調整自己家中的八卦，如果別人請你去為他的家或辦公室調整風水的話，你除了要注意密宗黑教風水觀的「形」與「意」兩方面的內容，諸如「形」的地氣、房形、地形、格局、其他的內因與外因等等，還有「意」三密加持、宇內調氣、宇外調氣、法輪常轉、玄空八卦、八門配置、九星行運、前手問題……等等以外，你可以站在他的方子的中心，因應他的請求為他所祈求的事務祈福。這是蓮卦歸一修持法的實際應用法。好像，如果你的朋友希望事業順利，你可以站在他家的中心，觀想坎位的佛充滿你的身體，佛光照到朋友的身上，為他的事業祈福。

今天因為時間的關係，只能講到這裡，如果大家有任何問題可以和我聯絡，或者和雲林禪寺聯絡。現在，我持佛門密宗黑教最高的祈福性手印，我們觀想萬佛的光照在我們的身上，我們可以得到心想事成的效果。不管你的宗教信仰是

什麼，我們以非常誠懇的心，希望每個人能夠得到心想事成
的效果，我們也為社會、國家、世界、全人類祈禱，希望一
切平安和諧！如果有人家裡有病人的，希望病人身體健康，
有人財務有問題，有人事業有問題、婚姻有問題等等，我們
希望問題也都迎刃而解。我們也希望大會成功地開始，也成
功地結束，明年第二屆的國際風水大會更能成功地舉辦。現
在請大家聽我持登巴喜堯佛祖的根本咒，大家心裡想著你所
要完成的事務，希望大家能夠得心想事成的效果，唵嘛啼唠
唎囉唎嘟、唵嘛啼唠唎囉唎嘟……。（演講結束）

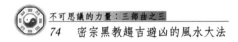
在密宗黑教的風水觀中，有一些形與意之外的密中密，在此我們討論房屋與人體配合的關係。如果我們將人體的形狀放到所居住的房子上，人的頭部永遠是在大門的位子。

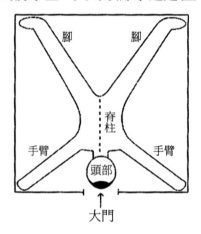

不過大部分房形，不屬於正方或長形，所以也可以這樣擺（如圖）。至於人體在房形如何擺設；得視個人觸機功力而定。

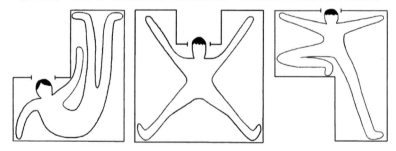

房子的大門屬於頭部。房子的水電系統掌管人體的消化、血液和循環系統。

如果房子要裝修，挖冷氣孔或開天窗，都要特別注意，

稍有不慎，隨便在屋頂或牆上鑿個洞、開個孔，常常連帶屋主要莫名動手術。

所以密宗黑教注意房屋動土前一定要挑選「黃道吉日」動工。另外也可以在屋子的四周撒硃砂米，林雲大師也曾做過一首歌訣：「除危定執黃、建滿平收黑、成開皆可用、閉破不相當」，良辰吉時、擇日的要點：除、危、定、執是黃曆上的好日子、建、滿、平、收是黑日子應該避開。成、開皆可用；就是次好。閉、破不相當，也是不好的日子應該閃過。舉凡婚喜慶、拆卸、動土、建造、喬遷、開張、遠行、手術、簽約等重要日子，都應挑選黃道吉日。為了讓我們固有優良的傳統文化，讓所有中外弟子們受惠，每年空行母筧立仁波切都會依循古禮，從黃曆上將黃道吉日，用紅點圈選出來，同時集結配合林雲大師每年祈福硃書的墨寶月曆提供給有心的善士參考。（詳情請洽佛門密宗黑教林雲大師基金會或雲石精舍的義工、門人）本書前頁所蒐集到的大師詩作、墨寶，都配合有朱筧立仁波切的文字說明，讀者可循著仁波切的註解，更清楚林雲大師弘法教學的範圍無邊、無涯。

邪門出邪事

房宅的大門應避免設計成斜門，因為斜門與「邪」門同音，容易發生奇奇怪怪的邪事，事後還丈二金剛摸不著頭緒，不知道怎麼一

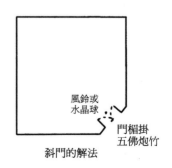

風鈴或
水晶球

門楣掛
五佛炮竹

斜門的解法

回事呢。

　　林雲大師提供的出世解是：在門楣上掛「五佛炮竹」（詳見下圖），或於門內或門外入口處掛一顆水晶球或一串銅風鈴的「出世法」來解。但對做為商業用途之建築物，譬如商店、診所、超市、餐館等，斜門反而有助於集結四方人氣、增加顧客光顧的機會。

邪門出邪事可以用「五佛炮竹」化解

金屋藏嬌另起爐灶的出世解

　　避免主人臥房與飯廳設計在大門中線以外，此種房子住

久了，男主人（或女主人）要不是不常回家吃飯，便可能在外另起爐灶；男的金屋藏嬌，女的紅杏出牆。如果你的房子格局正巧與圖示相同,請於該房間與大門虛線相對齊的牆上加鏡子（整面都加），使睡床與爐灶和飯桌反射於大門虛線內，而得到化解。當然也有人裝做不知道,特別心儀此種格局的房子,對這種心懷不軌的人,我們也只有默默祝福,但是善用這個林雲大師提供的「出世解」發生不幸的機會微乎其微。

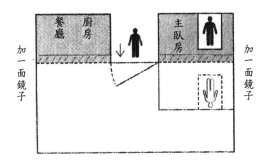

密宗黑教出世解的妙方
密宗黑教十二生肖相沖相合歌訣

　　中國民俗上的十二生肖,彼此之間有相沖相合的關係,當然更可細分為相犯、相害、相刑、三合、六合、尚合等不同的沖、合程度。十二生肖相沖相合的關係可用在家庭、配偶、合夥人等的人際關係上,也可運用到流年、月令、日令及時令上。以下的相沖歌訣為密宗黑教採用的民俗用法,為

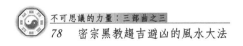

方便讀者牢記在心，林雲大師曾作「相合歌訣」。

十二生肖相沖歌訣（最不好的相沖關係）：「羊鼠一旦休，白馬怕青牛，蛇虎如刀銼，龍兔淚交流，金雞鬥玉犬，豬猴不到頭」

十二生肖相合歌訣（最好的相合關係）：「鼠牛聚財旺，虎豬福祿昌，兔犬富貴命，龍雞皇上皇，蛇猴才智勝，羊馬大吉祥」

五雷神咒護身法

佛門密宗黑教中含有道教色彩的護身神咒，效果極強。「五雷五雷，步步相隨，身穿凱甲，頭戴金盔，吾奉太上老君，急急如律令」。唸咒時，同時觀想五個可以保護你的人或神、佛立即出現在你的周圍保護你，並加上第六個人，是傳法的人，即是林雲大師。任何時候，在你覺得害怕時，身處險境時、走夜路、上法庭、單刀赴會、鴻門宴、探病送終、去墓地陰宅等等，都可唸五雷咒護身。讀者宜平日常背誦咒語，練習觀想，在緊急時就可能很快觀想到五雷出現，在身旁支持著你，保佑你。

金蟬脫殼

做「金蟬脫殼」的日子，最好是在大年初一，或每月的初一、十五、自己的生日、或是重要節氣時。時辰為子時（即前一天的夜裡十一時至當天凌晨一時之間）。

做法是先買一顆新鮮的生雞蛋，蛋過手後，就不要讓別人看或摸過，把蛋煮熟後，擱在一旁。若是煮破，應立即重新再煮。在左手掌心放一錢硃砂，滴入新開瓶的烈酒，滴數為自己年齡的虛歲。用右手中指調勻酒和硃砂，將蛋殼放在手掌心裡染紅。把染紅的蛋擱在一邊，雙手合掌搓乾餘留在手上的硃砂酒，此為「封掌術」，觀想壞的運氣都封死在身體內，壞運氣不會再從手掌心進入身體。然後拿著染紅的蛋走出家門，到屋外露天的地方吃蛋。注意在剝蛋殼時，蛋殼不能落在地上，否則壞的運氣會再找回來，因此出門時可以攜帶一個袋子，將蛋殼裝入袋中。

剝蛋殼時，要唸「金蟬脫殼，硃吉避邪，還我本真」，並觀想一切倒霉不順的運氣、晦氣、邪氣、病氣、犯小人的氣、官非之氣、流年相沖的壞處，都像蛋殼一樣剝除，自己好像雞蛋一樣重生。雞蛋象徵宇宙混沌初始，到底先有雞？還是先有蛋？莫衷一是。但因為有這樣的質疑，所以雞蛋可代表一個生命的開始，「金蟬脫殼」取其意，即是剝除層層的限制、障礙，重使生命返璞歸真。

吃完蛋後，拿著蛋殼，往家相反的方向，走出一百步，將蛋殼用力扔掉，並觀想所有的壞運都已去除，三密加持。然後轉身而返，感覺自己好像扔掉了一個沉重的包袱，輕鬆、愉快地回家。

接財神

　　在農曆年除夕夜裡，做完金蟬脫殼後，最好緊接著做一個「接財神」的密法，希望來年財氣旺盛，財源滾滾。若是恰逢流年不利，有破財之兆，也可以化解。做法是：持香或雙手合十，家門走出一百步外，面向東南方或正南方（今年財神所在的方向），恭請十方三界各路、各色財神自天而降，心中默默向財神介紹自己的姓名與地址，並虔敬恭敬的默唸「恭迎十方三界各路各色財神，請回我家接受供養」。再轉向四方，以同樣的觀想邀請財神。接著，轉身回家時，觀想帶領大隊人馬的財神回家，好像帶著一大群朋友一樣。家中應燈火通明，大門敞開，恭迎財神進門，猶如宴客接待嘉賓，並帶往家中每一間房間，介紹家裡擺設，希望財神們都能舒適安逸的在你家裡接受供養享福。若是家中有設佛堂，也可恭敬的請財神在佛堂佛龕接受供奉與禮拜。

房宅換氣法

　　除夕夜裡，或是平時挑選一個黃道吉日，夜裡十一點到

一點之間，把家中所有通往外面的門窗打開至少十五分鐘。同時準備九個橘子，各切下九小片圓形的橘皮，共八十一片，捏碎所有橘皮。換氣時，將橘皮撒在家中每個房間，觀想萬道佛光，隨著橘皮充滿家中每一個角落，驅走邪氣、霉氣、晦氣、病氣等等，迎進了佛氣、喜氣、財氣、福氣、健康的氣、吉祥的氣。並做三密加持。

走紅布出入平安密法

這是密宗黑教出入平安，舟車旅行平安的重要密法。凡是出遠門、去醫院、上法庭、嫁娶之日、出席重要會議、談判、簽約等等，在離開家門時，以六尺長的紅布平鋪在大門門檻上，三尺在門內，三尺在門外，走在紅布上出家門。左腳先行，共走九步，第一步跨上紅布，第五步跨出門檻，第九步跨出紅布。走在紅布上時，三密加持，觀想踩著吉祥的步子出門，此行事事順利、平安，逢凶化吉。走過後，若是旅程上有好幾站，可將紅布捲起帶著，以備下一個行程使

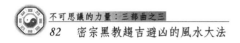

用。若是當天會返家，可將紅布捲起扔回屋內。（人站在門外）

接喜氣

　　在一對新人結婚的當天（不論認識或不認識都可以），拿自己經常用的九樣物品，包在紅布內，讓新郎和新娘摸一下，三密加持，觀想接到一對新人結婚的喜氣。取回後不要經過任何別人的手，自己戴上或使用。要連接九次喜氣。（即是參加九個婚禮，效果才強）

　　這九樣物品，最好是自己平時經常使用或是隨身攜帶的，如：項鍊、戒指、眼鏡、身份證、駕駛執照等等。（不要用消耗性的物品，如：口紅、原子筆、信用卡等）那麼喜氣才會經常隨身。

在接喜氣時，除了觀想接到結婚、姻緣的喜氣，也可觀想接到了事業成功的喜氣、身體健康的喜氣、財源廣進的喜氣等等。結婚的新人應當放心，自己的喜氣並不會被大家接走，因為新人在結婚當天自然散發的喜氣，猶如陽光一般，陽光普照大地萬物，並不會因此而減少了自己的光芒。

心經心法

「心經心法」為佛門密宗黑教中原法王林雲大師所傳之殊勝修持法，如能誠心潛心修習，可促進身體生理及心理之健康，心境平和，以及智慧和靈力的增進，步驟如下：

一、採舒適自然的靜坐姿勢，閉眼，持靜心手印（雙掌平疊，左手在上、右手在下，兩拇指相合），唸誦靜心真言九遍，觀想萬籟俱靜，心靜如止水。（靜心真言：揭諦揭諦，波羅揭諦，波羅僧揭諦，菩提娑婆訶。）

二、觀想一切是空，名也空、利也空，所有業障、煩惱、妄想、執著都成空。觀想頭頂上的屋頂和四周的牆壁都消失，以寬廣天地為佛堂，宇宙萬佛出現，層層疊疊環繞四周，你站在萬佛壇城的中心，好像是壇城的主人，靜坐觀想。

三、觀想有一團拙火自頭頂開始燃燒，燒盡你的三千煩惱絲，燒盡眼、耳、鼻、舌、身、意、色、聲、香、味、觸、法，燒盡三世的業障及一切惡因惡果，燒盡身、口、意十惡業，燒盡一切晦氣、邪氣、病氣，也燒盡一切憂愁、煩惱、災難、障礙等等，一切燒盡成空，只剩下你的骷髏架子。

　　四、觀想你的骷髏架子，從頭顱骨開始，牙床、頸椎、肩胛骨、手臂、手指、肋骨、脊椎、胯骨、大腿、小腿、以至足趾等，都一節一節、一段一段，變成好像在熔爐裡冶煉的火紅鐵條，發熱、發光、發亮，千錘百鍊，成就了金剛不壞之身。

　　五、觀想你的座下有一朵八瓣蓮花盛開，你的肉身自蓮花中重新再生，蓮花肉身包住了火紅的骷髏架子，五臟六腑也都是蓮花肉做的，粉嫩健康，現在的你已是脫胎換骨、金剛不壞。

　　六、觀想心中也有一朵八瓣蓮花盛開，蓮花上坐著一尊金身的佛，是你的本尊佛。這尊佛慢慢在你身體內壯大、充滿全身；你的頭是佛的頭，有佛的金剛般若無漏智；你的心是佛的心，有佛的大慈大悲圓滿心；你的身體就是佛的身體，有佛無邊的法力；你就是佛，佛就是你，觀想你與佛無二、無別，你與佛合而為一。

　　七、功德迴向：觀想佛光充滿全身，照射出去。

　　1.佛光照到宇宙萬佛，宇宙萬佛也都放光相映，佛光又回到自身。

　　2.佛光再照到六道眾生，即天道、阿修羅道、人道、畜生道、餓鬼道與地獄道。觀想六道眾生由苦而樂，由樂而安逸，佛光又從六道眾生回到自身。

　　3.佛光再照射到上師身上，觀想佛光充滿上師。觀想上師在為自己加持祈福，佛光又回到自身。

　　4.佛光再度由你的身體照射出去，照到你要祈福的遠方

親友的身上，吉祥佛光充滿他們的家裡，驅除一切晦氣、邪氣、病氣。佛光也充滿他們的身體，清除一切業障、疾病、災難等等，他們的形象是快樂健康的。佛光又回到自身。

5. 觀想佛光再照射出去，照到自己的家裡、辦公室及家人身上。佛光如法輪般在家裡及辦公室每間屋子裡繞，萬道祥光驅除了所有的壞運、晦氣、病氣等。家人及同事身體內也都充滿了佛光，每個人的形象都是健康、快樂、和諧，佛光又回到自身。

八、發願，向佛祈求心裏的願望。

九、最後，持大明六字真言「唵嘛呢叭嚩吽」九遍。

正點六心

密宗黑教調氣密法，使個人的氣轉弱為強，去除及避免壞運、邪氣。做法是將雄黃一錢放左手掌心，滴入烈酒，滴數為自己的虛齡，酒流出手掌心不要緊，再以右手中指調勻雄黃與酒。以右手中指沾雄黃酒，第一點點在左腳心中央，同時心中默唸真言「唵」字，第二點點在右腳心中央，唸「嘛」字，第三點點在左手心中間，唸「呢」字，第四點點在右手心中間，唸「叭」字，第五點點在心口，唸「嚩」字，第六點點在印堂即眉心處，觀想「吽」字。同時觀想氣從腳底往上走，提高、增強自己的氣，可以避免壞運，去除邪氣、晦氣。

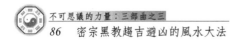
大明六字真言

即是四臂觀音心咒：「唵嘛呢叭嚩吽」。

行車安全密法

方法一：準備一個多切刻面的圓形水晶球，先置於駕駛人的床墊下壓九天，九天後取出，用九吋或九的倍數長度的紅線穿在水晶球上，掛在汽車駕駛座前的照後鏡下，三密加持，觀想水晶球的折射帶來佛光與靈光，保佑駕駛安全、出入平安。

方法二：將一條九吋或九的倍數長度的紅線，先在駕駛人的床墊下壓九天，九天後取出，繫在汽車的方向盤上，三密加持，觀想紅線吉利，保佑駕駛平安、行車順暢。

方法三：雄黃一茶匙，加上硃砂一分，置於小水桶內，滴入新開瓶的烈酒九十九滴，用右手中指調勻（男左、女右）再加上適量清水，持大明六字真言「唵嘛呢叭嚩吽」108遍，觀想萬佛的佛光，都照到這桶水中。取一塊全新的白色抹布，以雄黃、硃砂、烈酒泡的水浸濕，洗汽車的四個輪胎，及車身前後的保險桿。三密加持，觀想萬佛的佛光照在汽車上，保佑行車安全，乘客出入平安。

誤會冰釋密法

先在中藥店買一些「冰片」。先取九個冰塊置於碗內，待融化成冰水後，放入冰片。於子時（即夜裡十一點至凌晨

一點之間），以一塊新的白毛巾，沾冰片水，洗家中廚房爐灶的出火口，每一個爐灶口都要擦洗。擦洗時，要做三密加持，觀想一切誤會冰釋，大事化小，小事化無。

聚寶盆密法

　　密宗黑教求財、生財、聚財、存財的寶貴密法。準備一個存錢筒，剪一張紅色的圓形紙，以新筆新墨，一口氣在一面寫自己或夫妻二人的名字，另一面寫「聚寶盆」三個字，貼在存錢筒上，「聚寶盆」三個字向外，將存錢筒放在床底手的部位。再選定一種硬幣，每天在外用錢找回的零錢中，這個選定的硬幣都要留起來，回家後放進儲蓄箱裡，三密加持，觀想外面的財氣都進到家裡來了。連做九十九天之後，「聚寶盆」成為一個聚財的「財母」，可一直在床底。若是家裡的床下無法放置儲蓄箱，可放在臥房的巽位，即財位，也就是進臥房門左邊最前方的位置。

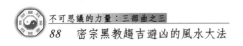

去小人密法

準備三根取自活公雞身上拔下的雞毛，於中午十一點到一點以間（即午時），將雄黃、硃砂置於白盤上，滴入烈酒，以自己年齡虛歲為滴數，用右手中指調勻，並持大明六字真言「唵嘛呢叭嘣吽」108 遍，觀想萬佛的佛光照在雄黃硃砂酒中。將三根雞毛浸泡在雄黃硃砂酒中，兩個小時以後取出，持雞毛向四周甩乾。甩時要觀想，纏繞在自己周圍的小人，包括知道的與不知道的，都會遠離、不再騷擾；或由小人變成貴人阻力成為助力。三根雞毛分別放在三個紅包內，一個壓在枕頭下或床墊之間，一個放在辦公桌或書桌抽屜內，一個放在皮夾或皮包內，隨身攜帶。

封門術

在中午十一點到一點之間（即午時），將雄黃和硃砂置於碗中或碟中，滴入烈酒，以自己年齡虛歲（或是全家年齡虛歲的總和，或是九十九滴）為滴數，用右手中指調勻，持大明六字真言「唵嘛呢叭嘣吽」108 遍，觀想萬道佛光照在碗中，加強雄黃硃砂酒的效果。

站在家中大門內，以右手中指沾雄黃硃砂酒，第一點；點在門框上，另外三點；點在門縫上，三密加持，觀想所有壞的運氣、倒霉的氣、邪氣、晦氣、病氣等等一切不吉祥的氣都被封在門外，不得入屋，所有原先在屋中的壞氣，也都被封死，不能發揮作用。前門、後門、邊門等一切通向外面

的門都要封，再封主臥房的門，及家人、小孩的臥房門。

剩下的雄黃硃砂酒，在爐灶上每個爐頭各點一點，飯桌、書桌、床下各點三點，觀想事業、家運等等都順遂。

再將剩下的雄黃硃砂酒，摻入清水，倒進家中每一個下水道中，觀想一切陰氣不會從下水道竄進屋子裡。

反點六心

密宗黑教調氣密法，可疏通堵住的氣，打開鬱悶的氣，祛除身體裡的邪氣、晦氣。做法是將雄黃一錢放左手掌心，滴入烈酒，滴數為自己的虛齡，酒溢出手掌手無妨，再以右手中指調勻雄黃與烈酒。以右手中指沾雄黃酒，第一點點在頭頂泥丸，同時唸真言「唵」字。第二點點在後頸中央玉枕穴，唸「嘛」字。第三點點在右腋下，唸「呢」字。第四點點在左腋下，唸「叭」字。第五點點在右膝蓋的背面，唸「彌」字。第六點點在左膝蓋背面，唸「吽」字。同時觀想，邪氣、鬱結之氣盡除，氣不再堵住，可以抬頭挺胸、昂首闊步。

千里姻緣一線牽

於午夜十一點到一點（子時）之間，取夫妻（或是未婚的男女朋友）雙方照片各一張，於先生的照片後面，以新筆、新墨一口氣寫上太太的姓名及「結髮」二字；又於太太的照片後面，一口氣寫上先生姓名及「結髮」二字。夫妻照片面對面放，若有子女，可將子女的照片夾在中間。再用一張紅

紙將照片包起來，在月光下，用紅線繞九十九圈後，打一個
結，三密加持。

　　未婚者觀想，月下老人牽紅線，有情人終成眷屬，未來
的婚姻美滿。

　　如果夫妻正吵著、鬧著、要離婚時，有一方想挽回這個
密法也可用，可觀想，緣份長久，婚姻幸福，家庭和樂。之
後將這繞了紅線的紅紙包壓在床墊下「心」口的位置，三密
加持。九天之後取出，扔到屋外流水中，或是埋在有生氣蓬
勃的大樹或盆栽下〔土壤裡〕，觀想心中祈求心願會圓滿達
成。

吐納術

　　密宗黑教調氣練氣大法之一，可幫助我們去除業障、壓
力、鬱悶、怨恨、不平、焦躁、憂慮、憤怒等等，使人身心
舒坦平衡，化戾為祥。

　　最好是早上起床後立刻做，採站立姿勢，持靜心手印，

唸靜心真言，即般若波羅密多心經經文最後的靜心咒：「揭諦揭諦，波羅揭諦，波羅僧揭諦，菩提娑婆訶」，讓心靜下來。

做一個深呼吸，想像全身每一個細胞都在吸氣，吸進萬道佛光，或是自己宗教信仰的神祇所發出的靈光，或是吉祥的陽光，也可同時觀想吸進健康的氣、喜氣、財氣、福氣等等。吐氣時，分九次一口一口的吐出，最後一口最長，吐盡所吸進的氣，吐氣時觀想身體的病痛，心裡的壓抑、不平、鬱悶、無法排解的憂慮、煩惱，生活上的阻礙等等都一股腦兒的吐出來。一吸一吐算一回，須做九回。若是覺得有需要，可以早、中、晚都做。

白衣大士神咒

「南無大慈大悲救苦救難廣大靈感觀世音菩薩。南無師、南無佛、南無法、南無僧、南無救苦救難觀世音菩薩。怛咥哆，唵，伽囉哦哆，伽囉哦哆，伽訶哦哆，囉伽哦哆，囉伽哦哆，娑婆訶。天羅神，地羅神，人離難，難離身，一切災殃化為塵，南無摩訶般若波羅蜜。」

個人補運法

　　密宗黑教最常持的咒語與身、口、意密的運用。

　　密宗黑教一切的出世解和脩持法都要配合三密。三密指的是身密、口密和密意，結合三密是觀想和脩持的基本要素，結合三密所形成的強大祝福力量，更是在做出世解時所不可或缺的要件。

身密

　　身密：身密是運用身體的某部分；與心意相印，用無聲的肢體語言來傳達你內心的意念，用手印與萬佛、宇宙的造物主、各界的神明或大自然溝通。

　　身密，通常是用結手印，來表示，除了用手身體也可以，好比有人在佛前下跪、打座、或者手腳不亂動、甚至身體站直不動，……等等，都是身密。

　　在入世方面；手勢自然也可以代表心意，在打仗時在敵

軍面前高舉雙手，這個大手印全世界都知道這個表示「投誠、投降」，平日人與人見面握手這是禮儀、也是示好，在公開場合的頒獎大典、或者欣賞表演、聽演說；如雷灌耳的掌聲，就是對演出者最高的致敬。

　　手印的種類很多，在佛門密宗黑教的常用手印，包含以下：

　　驅逐性手印（幾乎適用於所有的出世解）：做法是雙手手背朝上；大拇指摁住中指跟無名指（小拇指跟食指伸平）然後往前彈。彈的時候觀想萬道佛光從你的指尖彈出去；驅除所有不順、逆境、障礙、阻力、不幸，好的氣通通進來；出世解通常要彈三或九次。

驅逐性手印

　　靜心手印（適用於所有的修持法、心情幽怨、不平的時候皆可用）：做法是左手在上、右手在下，雙手的大拇指的指尖輕輕觸碰。（如照片林雲大師示範）觀想心靜下來了，具體的心跳很規律、柔緩，抽象的觀想思慮漸漸清澈；一切世俗的

靜心手印

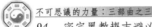
煩擾、積怨、不安都沉澱靜下來，回歸到跟造化相合的境界。

動心手印：左手掌在上，右手掌在下，雙手的大拇指從外向裡轉。觀想對方能了解、諒解、支持你的心意，注意必須是用在良善的一面。

祈福性大手印（最常見於林雲大師為眾生祈福所用）做法是小拇指交叉，大拇指壓住小拇指；中指交叉食指扣住中指，無名指豎起來（如照片）大手印可以解釋為天、地、人。無名指為人或佛經上所說宇宙裡最高的須彌山或是蓮花。意思就是將宇宙間，最好、最珍貴的一切都供養、呈獻給你。

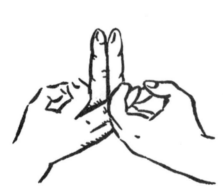

註：「須彌」是梵文音譯，意為寶山。在寧夏固原縣須彌山南麓，有一百多處石窟，總稱「須彌山石窟」，須彌山這裡峰巒迭嶂，岩石嶙峋。夏秋之際蒼松挺拔，桃李鬱然，景色異常秀麗，是中國西北黃土高原上少有的風景區。具有重要藝術價值的北朝、隋唐時期的須彌山大型石窟藝術造像，就開鑿在「寶山」諸峰的峭壁上。它和名震中外的敦煌、雲崗、龍門石窟一樣，都是我國古代文化遺產瑰寶。

　　破解性手印：（適用於破解、中降頭、或中蠱）做這個
手印時要先練「心經心法」，觀想佛光充滿全身，佛我合一；
是佛在替他破解，觀想祥光萬道從指尖射出去；在對方身上
（心窩的位置）畫一個八卦，
再以「九星行運」，想像祥光萬
道充滿對方全身以解中降頭、
或中蠱。事實上，破解性手印
不僅可以用在人身上；若居住
的房子有白氣，也可以用這個
手印化解。

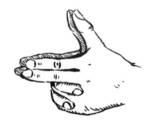

註：「中降頭」是源自東南亞國家的法術，類似中國茅山術，主要為滿足
　　貪念、私慾的工具，目的通常為謀財害命、保住愛情或用來控制他人。

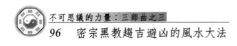
降頭術大約可分成「藥降」和「飛降」二種，飛降是以隔空施藥的方式，使對方中降。藥降則是將降頭施入體內，使對方中降。

通靈手印：（適用於和靈界溝通）密宗黑教學說，深信宇宙有很多靈子飄來飄去，如何與這些靈子溝通，或將自己的心意告訴對方，即可用

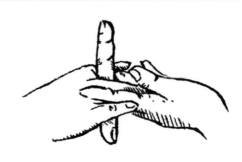

此手印。有人去鑑定風水；下意識先用通靈手印告訴靈子，請它們離開不要在這兒逗留，再使用「法輪常轉」為整個屋子祈福。

布施手印：八供養手印之一、布施波羅蜜，是度慳貪。

布施手印　　　　　　　　種福田手印

種福田手印：手掌向下。想像一切福根、善根都種下，後代可得萬佛庇佑。

祈福手印

筆者這次赴美貼身觀察到拜師時，大師共結了九種印契、拜師入門的弟子祈福加持，手印分九段進行：

第一次、第二次、第三次林雲大師祂面對弟子們，作密宗黑教「最高的祈福性」的大手印，恭請萬佛降靈台，同時將須彌山上所有最珍貴的寶物都奉獻給「五體投地」大禮拜或拜師的弟子。

第三次，大師做的手印也是祈福大手印。

接天界的靈氣，然後用手印打到要祝福者的弟子身上（重覆作三次）。

第二趟弟子在做大禮拜的時候林大師；還是接宇宙天界的靈氣。

這時大師祂，是帶出糾纏在拜師弟子身上所有壞的氣。

觀想佛光萬道，充滿照耀整個屋子。

第四次用道教的祈福性手印（詳如左圖）跟驅除性的手

印，為他祈福跟驅走一切倒楣不順的氣。觀想是玉皇大帝、是老子、是三官大帝，為他祈福，並驅走一切倒楣、不順的氣。

註：所謂的三官大帝指的是：天官賜福。地官護祐。水官息災。

這次到美國見到有新的外國同修入門拜師，在一旁的觀禮的同修沒閒著，不僅大聲唱誦著大悲咒，我們也意外發現

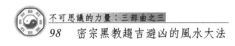

當新進佛門的弟子虔誠的作九次大禮拜頂禮的時候，（拜師的時候）大師一刻也不得閒；這次我觀察到，林雲大師又傳出了一個拜師時，祂所做的手印跟祈福。

（林雲大師持密宗黑教最高祈福大手印為新入室弟子們加持、祈福）

　　大禮拜（長磕頭）是藏族很殊勝也是最高的一種禮敬諸佛菩薩的方式，也是我們熟知的五體投地頂禮。(見左圖示)

　　十餘年前第一次拜師，看到總持親自為我們示範做大禮

拜，當我學會怎麼做以後，每次到靈氣盎然的佛殿，只要情況允許，我都會不由自主的做起大禮拜。每一回全然的將自己放鬆，鬆軟的與腳下的大地作最親密的接觸

時，其實不只是在對個人信仰的神聖敬禮，還有磨銳氣、降低自己傲慢拱高的習氣。我個人體悟每當身體跟地面貼平的那一瞬間，總有一股力量穿透全身，喚醒自己要謙卑、要虛懷若谷，讓自己明白與大地之母共呼吸共脈動，是怎樣的一種連結，讓平凡的我可以更心悅誠服的感謝一切造化的安排。

口密

口密：口密是以真言和咒語來加強力量。

大明六字真言：唵（ōng）嘛（má）呢（ní）叭（bā）嚖（mī）吽（hōng）（幾乎適用於所有的出世解）

密宗黑教拜師的儀式、程序

密宗黑教的拜師儀式的過程十分簡單，學生們向金剛上師行九叩首的大禮拜，雙手合十，將手高舉過頭頂，唸「啊」這個咒字，再將手挪至口與喉輪中間唸「嗡」這個咒字，第三次將手挪至胸口唸「吽」的咒字，再將挪至丹田唸「唅」這個咒字之

後，雙掌分開；全身匍匐趴下。

這個動作是密宗的大禮拜，是以五體投地，或是五心向佛，向金剛上師頂禮。五心分別是雙手心、雙腳心、頭頂（泥丸）及心口。所以全身趴下時，雙手的掌心向上，這是身體的動作（身密）和口密，一共做九次。

拜師弟子們應有的態度和觀想的程序

拜師的弟子們要觀想上師即是諸佛菩薩的化身，透過上師的引領啟發，才能解脫一切人世間的苦痛與煩惱。因此，誠心拜佛的弟子們首先要從內心深處生起「歡喜心」，感謝萬佛的引領，才讓我們在此生中擁有此殊勝的機緣，得到金剛上師的啟蒙和開導。

其次要有「懺悔心」，向諸佛菩薩及金剛上師懺悔自己於過去、現在的種種惡業，從這一刻起「諸惡莫作、諸善奉行」。

然後就是祈請萬佛和金剛上師的慈悲加持，消除我們於過去三世所做的種種惡業及來世可能結的種種惡果和惡緣；消除三世以來累積的十惡業，包括身業：殺、盜、淫等等，口業：兩舌、惡口、綺語、妄語等等，意業：貪、瞋、癡等等；清除累積在我們身體裏一切的濁氣、戾氣、霉氣、病氣等等，及一切的障礙。

觀想萬佛出現，佛光從上師身上照射出來，從你的雙手和頭頂進入你的體內，所有的業障均已被淨化，從此刻起你

對金剛上師生起強烈的「信心」和「尊敬之心」，並虔誠的祈請上師照拂你，不只是今生，而是生生世世。

上師的教誨

尊敬的林雲大師每次在舉行完拜師儀式後，都會對弟子們開示：

「今日你們拜我為師，中國人常講『三人行必有我師』，所以那天你們要遇見其它各宗、各派的有德大師，一樣可以拜其他的上師。雖然有些密宗的其他教派祇限拜一位上師，但在密宗黑教第四階段是沒有限制的。非但不限制，我還鼓勵我的學生們，隨時和其他的高僧、喇嘛請益，甚至拜他們為師。如果有一天，你們反悔了，我們的師徒關係可以隨時中止。

這也是我在美國加州柏克萊的雲林禪寺、紐約長島的林雲禪院和世界各地的雲石精舍，講經說法時經常提醒，而且也曾正式邀請到，譬如黃教祖師宗喀巴第九十八代傳人甘丹取義法王、紅教的最高尋寶者敦珠法王和現階段最高領袖般若法王、花教最高領袖薩迦崔津法王、白教的卡盧活佛、四川紅教上師開初活佛及黑教第一、第二階段的最高領袖龍塔登珮寧瑪法王和黑教導師級高僧為我的學生傳法，並推薦同修們拜他們為師，我祇是做個啟蒙的老師。

印度本教 Nyima Dakpa 仁波切應林雲大師之邀曾赴美、來臺為學生傳法。（著有 open the door to Bön 一書）

　　作為我的學生要有一個基本態度，就是千萬不可有『以矮化他人來抬高自己』的心態，對於他人的批評，如果是對的，要虛心接受、改正，如果是不對的，也要當做是對自己磨練的機會。

　　如果有天，你們在外聽到別人對我的批評和中傷，如果你認為是對的，就應虛心接受，不要再重蹈我的覆轍，如果是不對的，請不要回嘴，不要發火、生氣，就當作是對我們的磨練。

　　我雖然幫了很多人的忙，但是不一定都有效果，正如我常說的，百分之九十九都無效，祇有百分之一有效。所以偶爾也會聽到這些人稱我作活佛、活菩薩、活神仙，我都嚴肅的告訴他們，我是一個比普通人還普通的人，我也是肉身、不是神、不是佛，我也有我俗世的思想，我也知道自己不是完人，但我也從未見過所謂的完人，所以大家不要對我期望過高、限制過嚴，結果一定會失望的。」

　　這就是林雲大師的為人。雖然我們經常聽到他說不願意再收入室弟子，也就是說不願再正式的接受拜師的儀軌，還是有很多中、外學生提議舉行拜師典禮，林雲大師似乎來者不拒的也並堅持。

　　林雲大師說：「古人曾說『但開風氣不為師』，我之所以還是勉的接受他們的請求，一方面是不想違背了學生們的誠意，另一方面，我想偶爾舉行一、兩次拜師儀式也是對這些不十分了解中國文化的外國學生們，讓他們體會中國的古禮，及學生老師所應有的『誠懇』與『尊敬』的態度。」

　　他接著說：「所謂『一日為師、終身為父』，可是時下不僅是外國學生，就是連中國學生，有的一離開學校就不認老師，有的甚至批評、辱罵，偶爾在報章雜誌上還看到毆打、追殺老師。所以我個人覺得遵循古禮的拜師儀式，也等於是教導學生應恢復對解惑、傳道的師長應有的終身的尊敬。」

　　另外林雲大師還強調說，如果你們就是拜了師，卻沒有誠心、愛心、恭敬心等於沒拜。而事實上，由於林雲大師一向有教無類、廣結善緣，他對於沒拜師的朋友們也一樣的教

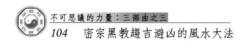

誨，甚至有時還對那些沒拜師的學生特別偏愛，因為二哥覺得他們有急迫的需要，所以雖沒有形式上的拜師，但他們對尊師重道更有誠心。

與佛有約的關鍵導師

　　林雲大師尊重所有的宗教，從不批評任何一個宗派；祂認為所有的宗教都是勸人行善、向上，人處於低潮無助時；藉助信仰得到慰藉與依靠。林雲大師經常勸導人應該有宗教信仰，相信任何宗教都可以，不一定要信仰密宗黑教。

　　回想活到三十好幾從不認為自己需要一個宗教來信靠；憑著自己培養多年的「新聞鼻」、「新聞眼」在美國貼身觀察林雲大師整整三天；一再央求大師收我為徒，（記得遵循古禮；行九次大禮拜、拜師當天是美國國慶日）拜師的當晚（請見照片）

　　當晚大師熬夜在筧立總持專屬的紫虹軒圖書室寫了下一首詩送我：

　「海棠旁插一枝梅
　富貴窮酸共一堆
　莫笑梅花無富貴
　春來獨佔百花魁」（請見附照）；

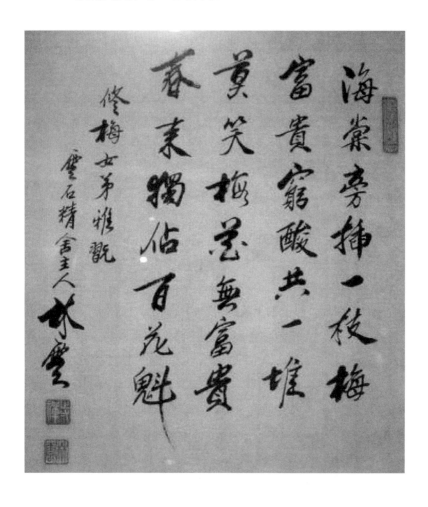

　　這首詩始終擺在我的書桌上，作為期許與人生的寶貴指引。

　　離開校園；在台北闖蕩第一個落腳處:就是要跟司法院、十八個警分局、北檢的長官往來，這些權傾一時的長官個個都怕我；因為我背後的公司來頭不小（當時的國民黨一黨獨霸，中廣 BCC 是國家傳播機器；當年有成千上萬的高材生擠破頭要到這家天之驕子「蔣孝武」的公司上班）記憶中 經國先生在收音機裡聽到我報導警政方案、採訪當時的警政署長羅張在警官大學畢業典禮的一段錄音，羅張署長致詞，說到「台灣的治安不好；警察搶銀行（三重埔分行被貼身侍衛溫姓警察持警用練習彈搶奪 300 多萬逃逸）警察有包娼包賭的（永和分局刑事組陳姓幹員尿液掉包；縱放販毒的死囚……等等）經國先生晚年關心台灣輿情；多是透過收聽廣播；好知道外界發生了甚麼事情，不被佞臣所矇蔽。國家元首深受糖尿病所苦，眼力已大不如前，兒子主導的中廣公司還每天派請專人（音色出眾的播音員白銀、白倩如）到總統府讀報給他聽（一律報喜不報憂，免得影響元首病情）；當他老人家聽到這段錄音特寫的消息，大為震驚、震怒之下還召回自己的兒子蔣孝武，到總統府作說明…我也因為這則新聞「處理失當」，得罪當道；當天就被取消採訪權；不服輸又好強的我轉調內勤工作，直到今天我仍不明白羅張署長自己說的話，我錄音引用他所言；何錯之有?所幸公道自在人心；三年三座金鐘獎的肯定，這才讓我甘心的離開中廣這個訓練我膽識的地方。

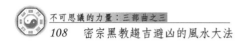

2004 年師大學姐徐南琴女士的大力推薦；燃起重返主持棒的工作，當時環球電視台「環球雙響砲」政論性節目，收視、重播率皆奪冠，無奈公司經營高層掏空公司，只好掛冠求去；揮別我熱愛的新聞工作。（見附照）

2004 年 10 月作者曾任職於台灣環球電視台主持「環球雙響砲」
節目，該節目收視率、重播率為環球電視之冠。

在我人生的陷入低潮；蒙 林雲大師憐愛；收為門徒，當初決定皈依佛門；更換工作跑道，事到如今驗證我一路走來是正確的；林大師更是影響我一生「與佛有約」這個重要決定的關鍵人。

目前散居在世界各地皈依大師的中外弟子，林大師還是鼓勵大家依然可以信仰自己原來的宗教，祇要遵行「諸惡莫作，眾善奉行」的原則，就可以有「乙善避千邪」的效果。

　　我這一生中，曾見過許多中、外的性靈大師，鮮少有人能像林雲大師這般任意地在紅塵雜務、出世目標、和神祕召喚之間轉換角色。

　　林雲大師在世界各地講學弘法；授課內容包羅萬象，除了顯密佛法、靜坐脩持、易經易道、氣學理論、八卦、五行、陰陽哲學、唐詩、書法、金石、堪輿、占卜、姓名學、還有密醫密術、靈學、民俗學的研究等等。

　　許多優秀資深的外籍學生，成為風水專家、作家、老師、鑑定師，林大師自己述而不作，祂指導弟子 Sarah Rossbach 羅四維女士，合著的四本英文風水著作：

Feng Shui:The Chinese Art of Placement（New York）、Interior Design with Feng Shui（New York）、Feng Shui Design（New York Penguin Putnam MC.1998 同時被翻譯成七國不同語言的版本，在國際流通。

　　林雲大師經常教導我們，不要批評任何宗教或任何不同的風水學派，切記「不要為了抬高自己；矮化別人」，如果聽到任何人批評你的老師、或者密宗黑教，不管是善意或惡意，都不要申辯或反擊，應當視其為反面教材，當自我檢討、有過則改之；無過也應該向批評者致謝，為了關懷我們浪費了那麼多寶貴的時間與精神。

　　林大師的風範、胸襟、氣度、寬容、睿智與詼諧，俯拾皆是，祂的出世之學的浩瀚，就像瞎子摸象；從我的角度看密宗黑教，還是多所疏漏，這些年沒有朝九晚五的牽絆可以常隨 林雲大師，到美國、日本、中國內地、台灣的廟寺參

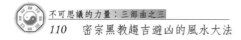
拜，飛到夏威夷、波士頓、柏克萊等地參加密集班，研習「密中密」；讀者心中無礙，秉著開放的態度來學習；相信書中的密法、出世解可以幫助你；正如同我一樣，生生世世受用無窮。

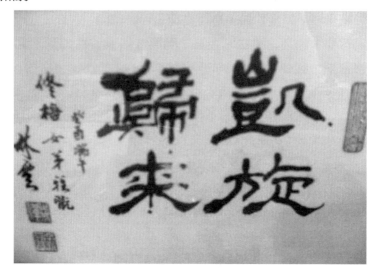

　　揭諦　揭諦　波羅揭諦　波羅僧揭諦　菩提娑婆訶

　　（林雲大師所有的修持法**靜心真言**和靜心手印都是一並使用）：

　　解冤咒（適用於病痛、厄運、突然遭逢的劫難）：解　解　解　解冤解　解了弟子冤和孽　洗心滌慮　發虔誠　來向佛前求解解　藥師佛　藥師佛　南無消災　延壽

　　過關　渡難　藥師佛

　　五雷　五雷　步步相隨　身穿鎧甲　頭戴金盔　吾奉太上老君急急如律令

　　五雷咒：這是密宗黑教按照民俗學角度，配合道家方法的咒語。適用於隻身走夜路、單刀赴會、赴鴻門宴、上法庭、逐小人、搭飛機、出遠門、去太平間、殯儀館、做噩夢、做現場夢等等，都可以背誦「五雷咒」護身。

　　持五雷咒時，要配合觀想，效果最強。

　　可以觀想五位不同的神、佛、菩薩、不同宗教的神祇都可以、自己最信任的親人（在世或不在人世的都可以）；立刻出現在你的身後。頭戴著金盔、身著戰勝的盔甲，做保護狀。如果要效果更加強；可以張開五指（又代表五方佛）抓頭皮、感覺頭髮都豎立起來，而站這五位神、佛的背後是這位法的傳人，因為筆者書上的所有密法均習自林雲大師，所以你要觀想林雲大師站在隊伍的最末、最後面。這樣觀想的好處是如果僅觀想五雷，雙方人馬對峙、交鋒，結果發現傳法的上師是同一人，就有調停的機會；雙方可以握手言和、化敵為友，大事化小、小事化無。

　　二十一度母咒：「嗡 噠咧 嘟噠咧 嘟咧 梭哈」

　　白衣大士神咒：南無大慈大悲 救苦救難 廣大靈感觀世音菩薩摩訶薩 南無大慈大悲 救苦救難 廣大靈感觀世音菩薩摩訶薩 南無大慈大悲 救苦救難 廣大靈感觀世音菩薩摩訶薩（三稱三拜）

　　南無師

　　南無佛

　　南無法

　　南無僧

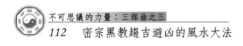

南無救苦救難觀世音菩薩

怛只哆 唵 伽囉伐哆 伽囉伐哆 伽訶伐哆 囉伽伐哆 囉伽伐哆 娑婆訶

天羅神

地羅神

人離難

難離身

一切災殃化為塵 南無摩訶般若波羅蜜。

綠度母咒：嗡 達咧‧都達列‧都列梭哈

延命十句觀音經：觀世音 南無佛 與佛有因 與佛有緣 佛法僧緣 常樂我淨 朝念觀世音 暮念觀世音 念念從心起 念念不離心〔背著覆誦一次〕

登巴喜饒佛祖根本咒（念此咒可得身體健康、靈力增加、達心想事成之效）：Om Ma Tri Mu Ye Sa Le Du

為順應有緣善士之請求，所有密宗黑教常用咒語 CD，美國雲林禪寺已著手決定籌劃即將發行敬請期待。詳情可電話 0021-510-8412347 或 e-mail：info@yunlintemple.org 詢問。

意密

密宗黑教風水觀和其它一般風水的派別有所不同？雖然秉持傳統的一貫系統，卻別樹一幟。特點是出於傳統而不囿於傳統。它汲取了傳統風水學派的優點，但又融入了現代的知識和中國民俗、藝術美學等都市發展、區位學、環保概念等等新知。尤其最特別的是它獨特的而深入的靈學面。如果以易經陰陽學說來看風水，密宗黑教風水觀裏分成二大類，一為形（看得見的），一為意（看不見的），意的部份和形同等重要。

林雲大師將密宗黑教的風水分成幾項重點：

1. 非傳統式風水。很多傳統的風水學派用羅盤斷定方向，確定方向後再判定八卦。所以你進入一所房子，先用羅盤找到東、南、西、北，然後斷定八卦。所以八卦的方向一定是固定的。兌位一定是西方、震位一定在東邊、坎永遠在北、離位固定在南、巽位在東南、坤卦在西南。

2. 可是密宗黑教風水注重「氣」，用的是心易八卦，以房子的門，也就是「氣口」決定八卦的位置。

3. 非常強調出世解，但並不是不注重入世的方法，而是認為任何「不理想的風水」情況，都可以用「出世解」來解決克服，也就是配合四兩撥千金的「些子法」來調整。

4. 在用些子法時若能把配合「三密加持」效果更強。

5. 融合傳統思想但有密宗黑教「意」的思想。

從以上看來，「意」在整個密宗黑教風水觀中幾乎和房

子的內因、外因等因素同樣的重要。舉例來說：好比你買一所房子，新舊無所謂，可是你一進去就覺得「氣」不順，屋子裏稜角太多、看到院子裏的死鳥、屋子裏電視播放的又是飛機失事不幸的死亡消息、走進廚房又滑一跤等等，這些「觸機」正在告訴你，這所房子在「意」的部份不好，就不必再看下去了，如果仍堅持繼續，只能看「形」的部份了。

意可以說是觸機、是心念、是咒力、是祝福、是形而上的力量；意是在做出世解時加入正面的思維和祝福；意是透過自身的修特和靈力達到氣的平衡、人與人、人與大自然、人和宇宙天地關係的和諧。

林雲大師介紹了很多風水上「意」的方法，這些方法如果運用得當，可以化腐朽為神奇，在調整風水上更有出奇不意的神效。

覺人、覺己、覺行圓滿

林雲法王所傳授的種種密宗黑教寶貴知識，諸如密宗黑教風水觀、靈子說、氣的理論、多元緣生論、密醫秘術等等，是吾人可以透過切身的了解、體認、實踐與驗證，不但在這一世即可得到人生的幸福，並可行有餘力，伸出援手，實際的幫助一切有緣眾生、利益眾生，而不是僅停留在觀想的層面。

因為無論是佛教顯宗、或是密宗的紅、白、黃、花、黑教，在教義或是修行的儀軌中，都是告訴我們，修行的目的

是為了「覺已」及「覺人」，最後乃至「覺行圓滿」。所以在修行之初，就自我要求，以「利他」為出發點，以「覺悟」為目標。

經過學習林雲大師所傳授的種種修持、靜坐方法，我們可以提昇心識作用，增進靈性與智慧的增長、去除我執及無明妄想。這些均屬心智的改變，在陰陽面上是屬陰陽面的陰面，是看不見的。

在入世的（陽面），若能配合林雲大師所教授的種種學說，以一種更方便、更直接的「出世解」去幫助、救度、利益一切有情、有緣的眾生，不惟是一項實際的作法。這也是佛家所謂的「法布施」。

一位好的上師，是以完善的知識，豐富你的智慧、啟發你的心靈，讓你解脫人生苦惱。林雲大師是很多弟子，其中大部份是外國學生，依中國古禮禮拜過的精神導師。因為他們了解，不論是修持也好，或是以學習風水的角度也好，「傳承」及「尊師重道」都是非常重要的。

也因此，每次在林雲大師所教授的密集課程之後，為順應學生們的要求，密宗黑教雲林禪寺總持朱筧立仁波切都會安排舉行一個拜師儀式。

經過了簡單、隆重的拜師儀式，學生們正式成為密宗黑教門人，尊敬林雲大師為他們的金剛上師，今後不論在課業上、修持上、生活上或是人生的方向，若是有任何的問題，均可向上師請益，身為入室弟子們也應該每年至少兩封信向上師報告自己的近況。上師都會在早、晚的修行儀軌中，為

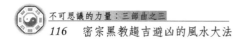
中外弟子們祈福。

靜心「密中密」

林雲大師現在請大家把心靜下來的時候；大師察覺到在座者有人心裡面老是想著台北、老是想錢、老是想有第三者在干擾她的先生。

如果打坐時有這樣情形在干擾妳的人，請妳現在去廚房拿一個大湯碗，裝八分滿的水，坐到餐桌上，坐下來後請你眼睛看著這個裝了八分滿的水；在湯碗裡搖搖晃晃，目光注視著湯碗裡的水由晃動變成靜止狀態。

不管你的心靜下來了沒，都要做 9 次，這樣你的心就可以由動轉靜。

這是讓心平靜下來的「密中密」。

這個用法不限於使用在陰陽眼修持法上頭而已，只要在家裡、在職場上，任何需要靜下來的時候都可以做。想到就做。

林雲大師祈福加持的墨寶月曆

林雲大師七年多來的祈福墨寶月曆，也有八十多幅；我看到每年大師的壽宴都有裝框、裱褙後一字排開在壽宴會上；非常搶眼又壯觀；不知道一般人該怎樣善加運用這隔年的月曆呢？合適掛在家裡嗎？

林雲大師回答：當然可以掛在家裡，掛在客廳的正面、或者一進門最容易看到、最醒目的的地方。林大師舉例說，掛「天官賜福」；在明顯的地方可達旺宅之功效、整個房子都旺。掛在貴人位，貴人都會出現來幫忙。家宅不平安，掛「天官賜福」在震位；家運漸入佳境。有意從政參選的候選人；競選總部的離位也可以掛，觀想順利當選一般，掛在離卦，名祿、觀想聲名遠播。希望考上好學校的同學可以掛在艮位；孩子好好唸書，就會考上好學校，當然再加用日用光華鏡的出世解，來調整面臨聯考壓力的孩子，讀書的效率更可以達到事半功倍。還在就學的莘莘學子，要用自己的零用錢買，出世解的法物，做起來才有效，不要甚麼都要靠父母。所有書上教的出世解，林大師都說明的很清楚，只要心誠意正的做，再加上自己的努力，一定會心想事成。

人字簫的作用

林雲大師教我們在床下放三支簫擺成人字形，這有甚麼作用？

林雲大師說：凡是整天唉聲嘆氣、意志消沉者、頭腦不清、戾氣太重、整天發脾氣罵人，老說我老啦、快死了，這些負面的語言⋯⋯等等的這些人，都建議他們使用這個密法。所以三支簫擺成人字形還管脊椎的問題、也管懶惰、官

非糾結不斷的煩事。還有免疫力系統出問題床墊下擺三支簫擺成人字形最重要、很要緊。這裡所說的免疫力系統的問題包括過強的要用這樣調整；如果相反的要用前面所說的吃大蔥、大蒜、生薑、辣椒、韭菜這五種食物，用味覺的刺激是可以調整免疫力的問題，不愛吃的酸、甜、苦、辣偶爾都要淺嚐一下，好喚醒免疫功能發揮正常運作、調整他的免疫力失調的問題。

有同學舉手說放簫在床墊下睡起來很不舒服耶……！

林大師回答：簫放在床墊下一般來說除了你自己知道；不會有感覺。除非你的床墊子跟床單一樣薄。

第二，除非你的觀想能力能比林雲大師高；否則還是建議你要放置三跟簫在床墊下。

又問：夫妻倆個人睡同一張床，這個時候是要擺一組就好，還是要放兩套，比較好？

林雲大師說：站在研究密法的態度；放一套置於床的中央位置就行了。

簫可以放在紅套子裡？

林大師說：因為警察不會去檢查，所以可以將簫放在紅套子裡不拿出來沒關係，但是作密法、作解用的簫越直接貼近作密法的人，效果越好。

同時裝簫的這個紅套子，都有大師祈福，含有特殊的靈力；林雲大師透露，有很多同脩都拿來裝買來樂透（Lottery）的彩券，大師說：經常來廟上香的同修，突然不出現的，就表示他們中了彩金！之前更有人開玩笑說：林大師身邊常相

左右的都是「發財人去也，倒楣大團圓」的結合。

（補充：所有密宗黑教所教我們用的法器不管是簫、是水晶球，任何的法物如果被小孩兒玩過，當成玩具；例如：小孩兒拿著玩耍，將法物的簫拿起來吹，這個法物就失效了。）

戒菸、戒酒、戒毒的立竿見影密法

　　酒的主要成份是酒精，一公克酒精可產生 7 大卡的熱量（1 公克醣類才產生 4 大卡的熱量），所以喝酒容易導致熱量攝取過多，尤其是啤酒，除了含有酒精外還有醣類氨基酸等，一瓶啤酒熱量大於 500 大卡，故喝酒的人，他所攝取的多餘熱量會轉變成脂肪在體內儲存起來。此外，酒類中還有一些成份能刺激消化液的分泌及食慾的增加，也會使人胃口大開，不知不覺就吃過量的食物。因此在減重的人最好能避免飲酒，如果一定要飲酒（例如聚餐宴會等），酒量要節制。同時要限制主食及高熱量下酒菜之攝取，如此才可能避免體重增加。一般說來：喝酒的壞處有 1. 發胖 2. 易得酒精性肝炎 3. 糖尿病 4. 血濁……等等；疾病多到不行，最怕酒後駕車、酒後亂性、酒後動粗傷人、失言、失和，讀者得當心「酒」這個壞小子。

　　再談菸的部分，基本上抽煙沒好處。但是跟你講個跟抽煙有關的笑話：有一個美國的煙商來到法國做生意，一天，他在市集上大談抽煙的好處。突然，一位老人走上檯子，大聲說道：「女士先生們，抽菸還有三大好處：第一，狗怕抽

菸人；第二，小偷不敢闖入抽菸人的家；第三，抽菸者永遠年輕。」一時間，台下觀眾情緒振奮，那位講笑話的商人喜形於色，把手一擺，說：「為什麼呢？因為，1.抽菸的人駝背的，狗見了，以為你正要撿石頭扔牠哩。2.抽菸人夜裡咳嗽，小偷以為他還沒睡，不敢進門偷。3.抽菸人都短命，所以永遠年輕。」抽菸的壞處：1.浪費錢 2.吸菸有害健康 3.吸菸會導致癌症 4.吸菸會導致心血管疾病、肺氣腫 5.吸菸的孕婦會導致早產 6.每隻菸減少6秒鐘壽命。

　　林雲大師說：有意戒除煙癮者可以去勒戒中心。要了解吸菸是危害健康的，無論國內、國外的菸盒上都有警告標示；至於密法；就是徹底想戒除菸癮的人，可以在想要抽菸的時候就咬緊一根牙籤。咬牙籤的作用就是把菸癮驅散掉，如果有人有毒癮，發心要戒；這個出世解也適用。（咬斷一根；再換一根新的）

　　酗酒的陋習又當怎樣戒呢？俗話說借酒澆愁愁更愁，所以要先將「愁」解了，那人自然就不會再想靠酒來澆愁！

　　從民俗的出世解來說：狂飲酒之前；先斟上一大杯約500c.c.的水，誦念108遍大明六字真言，對著杯口吹一大口氣，觀想「唵、嘛、呢、叭、

癮君子咬牙籤可驅散菸癮、毒癮

嚰、吽」的顏色、及特殊意義，都進到這杯水裡，分 9 小口喝下。

每要舉杯喝酒前，都這麼做，裝滿一肚水的人，大概也裝不下「穿腸（酒）毒藥」，很快你就會戒除酗酒這個惡習。林雲大師跟乾爹鄭清茂教授（國際知名的文學大師）與莊因教授（美國史丹佛大學亞洲語文學系教授），三人曾共同合作寫過一首跟酒有關的詩：「酒能亂性 佛家戒之 酒能養性 仙家飲之 有酒學仙 無酒學禪」。

竹筒連心換氣脩持法

由心臟病所引起的氣喘、支氣管炎、因為這些病引起的其他病都包括在內。肺臟不舒服所引起的肚子脹，都包含在內。關於呼吸方面的健康問題；像是鼻道癌、食道癌，的出世解，在床墊下胸腔的位置，放一個竹筒，竹筒裡面放一面小圓鏡子，鏡面朝上（直線對準天花板的相同位置也貼一面小鏡子；鏡面朝下）觀想病人呼吸順暢，恢復健康。

密中密：床下對著竹筒的地方，再加一面小圓鏡子，這樣功效更強。

這個密法可不可以根治氣喘病還不知道，但是食量變好；是真的。因為這樣才更有膽量問問題。可以治厭食症也治暴食症（加上不同的觀想內容）。

針對許多陷入困境的人，林大師表示：如果你買不起這麼貴的法物；家裡很小，根本也沒地方掛簫、掛風鈴、掛十

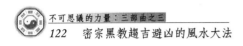

帝的人該怎麼辦？

祂說：你可以藉助自己的靈力；祈請萬佛降臨，用硃砂烈酒寫下「抬頭見喜」、「出門見喜」、「心想事成」或「天官賜福」，一樣可以達到效果。林大師特地為沒有緣到雲石精舍請法物的有緣善士，提供一個非常靈驗的出世解。

做法是：妳買九張黃紙剪成圓形，用硃砂酒寫上「乙善」。在家裡、或工作地點，選擇九處醒目的地方或是妳走動的路線上經常會去的地方。乙善高懸（virtual of one good deed and good action）在醒目處懸掛「乙善」，用黃紙、硃砂或黑筆寫都可以。（這9個地方的選擇大致是家裡或公司你經常會走到的地方）

開門三卦

林雲大師現在為大家介紹密宗黑教很要緊的「開門三卦」。（如圖）

所謂的開門三卦是活的，不必記方向、不用記東南西北、不需要用羅盤。

按照傳統的羅盤的方位來說震位一定是固定在

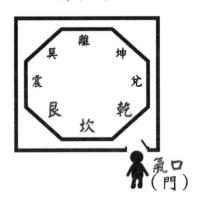

密宗黑教心易風水

開門三卦

東邊、兌位一定在西邊。所以北邊一定是坎，南邊一定是離。大師舉例補充說明，今天東四命的主人，做東請客（蓋房子

拿羅盤看東是上位），當主人的卻沒注意今天主人選的「上位」就是上菜的位置。久不久餐廳服務員、每隔幾分鐘上個菜打擾一下，就把坐在上位席上貴賓新買的衣服給搞髒了。（因為許多餐廳為簡省人事開銷喜歡聘僱臨時的工讀生；少不更事的孩子稍不留神；頻繁的端湯、上菜經常會發生「上湯燙灑」這類的糗事）

心易風水、玄空八卦、是活的，看門開在哪兒，有門（氣口）的這一條線就可以定出是乾、坎、艮。

所以如果有朋友告訴你，不管他怎麼努力工作、怎麼講良心、都沒錢。沒有錢的讀者先確定自己房子「開門三卦」後，很簡單就可以找出異位在哪兒，只要調整異位，財運就會改善。如果還不放心，可以再依照傳統的羅盤在家的東南方；作調整。可以加籮、加水晶球、或任何有靈力的法物都可以。（請見附照）

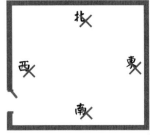

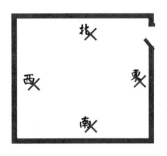

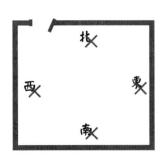

密中密：調哪一個卦，那一個卦的前一卦也同時調整效果更棒。舉例來說：巽卦的前面是震卦可以三密加持，在巽卦放一個水晶球，在震卦可以放簫或加鏡子都可以（這就是相生理論關係的利用）

同樣的道理如果你頭疼可以同時調整乾位跟兌位。

肚子痛的調坤位如果在離位上也作調整舒緩的效果更顯著。

人有三分之一的時間在工作，辦公桌的位置怎麼擺設？作學問的人書桌怎麼擺？人有三分之一的時間在睡覺、在床上，所以床位怎麼擺都很要緊。

一般而言床、辦公桌、書桌的設置有幾項要件。

我們注重的是氣口、就是人走進來的方向。

1.注重的是方位，門相對的位置，不是方向。（如附圖）

2.視野要最寬

3.氣口要在視野裏

4.忌諱氣口正沖辦公桌或床

（如果要解，可以在門或床的中間，放水晶球或聲音清脆的銅風鈴）

　　床位的設置，「氣口」不在視野裡所產生者，這種配置會造成腦神經不正常的運作而引發頭偏痛、神經衰弱或經常性失眠。如果床位非得這樣擺，可以在床的兩側加鏡子，從鏡子看到氣口，或者在角落上方加凹凸鏡都可以。

　　筆者曾在太平洋建設公司上班；擔任總經理章民強先生的特別助理十年期間，驗證過許多大企業的 CEO 都坐錯位置而不自知。CEO 坐在秘書該坐的位置；很多時候不難發現秘書的口氣比 CEO 更有權威、更跋扈、更霸道。

　　密宗黑教談的方向不是絕對的方向，要衡量以上四點作為參考。

進出醫院的小秘方

　　林雲大師也建議：進出醫院最好走後門不要走前門，從靈學的角度來說：所有的病患只要是送急診的都是往前門送，所以讀者進醫院看病或探視親人我們建議多走後門、偏門，比較好。因為急診有很多意外受傷，走道上鮮血淋漓、如果不慎踩到血跡、百日之內家裡也會有血光之災。另外，進出傳統市場走的動線最好也避過宰殺家禽、家畜的攤子；這都是同樣的意思。

孩子睡在坤位上，父母的臥房在震位，是不是也會造成孩子不聽話？

林大師說：孩子不通氣、愛講理很喜歡跟父母親頂嘴，這是父母管教孩子的態度智慧不夠，最好用「日月光華鏡」來調整雙親的智慧。不要因為孩子頂嘴就說孩子不對。

日月光華鏡先照哪一面有差別嗎？日、月相生，先照哪一面都可以。

背門的壞處

許多大的教室老師的位置都背著門，唯一的好處是學生逃不掉，但是師長的氣也因為教室門的設計不在視野裡，無形中老師在社會上的地位，越來越弱、不受的愛戴，教書匠，一輩子都輸定了。所以我一聽「教書，一輩子都輸定了」就轉行了。林大師也勸人不要教書。因為誤人子弟是要下地獄的。

現在坊間流傳一個冷笑話說：有一位傳教佈道的牧師往生了，他沒有進天堂卻下了地獄，同一天有一位開快車的公車司機；卻進了天堂。

這位宣教一生的傳教人很生氣的找上帝控訴說：「為甚麼我沒進天堂？公車司機不信耶穌，為甚麼可以上天堂，這是甚麼道理？」

上帝說：你還好意思上訴？你傳教一點都不精彩，下面的聽眾呼呼大睡，根本沒人聽你講道！

你看看，公車司機；一開車，所有的乘客，全都雙掌合十；乖乖的呼喊我的聖名……。

所以，為人師表誤人子弟者犯的可是重罪，被打入十八層地獄，一點都不冤枉。

這個笑話還沒結束；聽說有一天，一個被判下到十八層地獄的殺人犯在刷牙；聽到第十九層也有聲音傳出來，他說：「我因為犯殺人罪，被判下到十八層地獄，你犯的是甚麼重罪呀？

這位仁兄說：我是誤人子弟，所以下到第 19 層。後來風水輪流轉；聽說現在第 19 層地獄關的是律師。

醫界小毛頭的告白

大學同學張小燕的先生陳偉寶醫師（泌尿科專業，診間在台北復興南路上），傳了一封台大醫科學弟的信，內容寫實生動，值得省思。分享給大家。信上寫道：

我是一位台大醫學系畢業的醫師。今年 35 歲，當年因為深度近視大四 22 歲時就超過 1100 度獲判免役〔所以不是大家每天都說醫學生都是作弊逃兵役〕，今年六月我將工作滿十年。

13 歲時，我的理化考 98 分，班上沒有人比我高分，但是我被理化老師狠狠的用藤條抽了兩下，下課後猛塗萬金油，因為下節課要發英文考卷，我知道我一定會再被揍，因為我不可能一百分，雖然我已經永遠是班上第一高分，但是

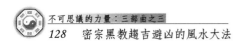

老師說要上醫學系沒有一百分就是不夠。

國中三年每天我們都要考兩科，早上 7 點提早一小時到校考一科，傍晚 5 點延後一小時考一科。

我們班的藤條兩天換一根新的，因為兩天打斷一根。我永遠是第一名，三年來我被打豈止萬下！

大三時，21 歲，上的最硬的課是「大體解剖」，我自認我的記憶力一流，但是面臨數千上萬的希臘單字〔人體的結構英文都是古文轉過來的，單字比一般英文難而且很少單字少於十個字母〕，還要從冰冷的大體老師〔捐贈的屍體〕辨位，我從開學第一天起就每天只睡 5 小時。

結果期中第一次跑檯我只考了 55 分，我們的考試方式是每個三十秒作答一題，在一具具大體老師間轉檯，認出用一條繩子綁的神經、血管或是肌肉，只要拼錯一個字母這題就零分。

往後這個學期我每天就只睡四個小時了，而此時此刻我的室友，他讀台大資訊系三年級，正牽著輔大的中國小姐候選人的小手在東南亞電影院看電影。

大四時，22 歲，我們的課業越加沉重，必修的課加上實驗，一周還是有將近 40 個小時的課。

同一時間，我的社會系女朋友告訴我，她們的課這學期一星期不到 10 小時。她說反正我這個男朋友有跟、沒有是一樣的，她就用空閒的時間去補習托福跟到電腦公司打工。

大七實習的時候，我 25 歲，每天工作 15 到 16 個小時，每天我要抽 30-40 個病人的血、導尿、插鼻胃管；此時此刻

我還要抽空準備國家醫師考試，考的是我大三到大七所有教的東西。

這一年醫院有給我們薪水，每個月將近八千塊。每到月底我硬著頭皮打電話跟家裡要錢，我媽告訴我隔壁的小學同學，高中畢業就在工作，現在每個月給媽媽一萬塊。已經一年每天都睡不到五小時的我只能硬撐著熊貓眼，心中想說：「媽，很抱歉，你再辛苦一下，以後我會給你更多。」

那個十二月下著冷冷的冬雨，我媽掛了電話又冒雨騎著機車去載瓦斯，我掛上電話看了一眼窗外，沒有多感傷我已經要上外科急診的 12 小時大夜班。

深夜一個新公園的醉漢被砍了三十幾刀送進來，學長檢查後說沒問題都只是皮肉傷，你就慢慢縫當作練習，我認真縫了好幾百針，縫完天剛好也亮了。

實習結束了，剛好跨入 26，國考也考完了。

考完這天我打電話約三個月不見交往七年的社會系女友出來慶祝。

她在電話的另一端冷冷的說：「不用吧，我已經跟別人睡在一起六個月了。你都沒有感覺到嗎？」

我掛了電話，「挖哩叻，我抽血都抽到手抽筋了，還有感覺？」

很奇怪這天還是下雨，還好有下雨過路的病人也分不出我臉上的是雨水還是淚水。

住院醫師第一年，我在台大醫院，每個月薪水五萬，我終於可以每個月給家裡一萬，媽媽好像很欣慰，但是我沒有

臉告訴她我的薪水，因為我的工作時數沒有比實習醫師少，每三天就有一天要在醫院值整個晚上的班，隔天還要正常上班。

我告訴媽說過年不能回台南老家，因為過年要值班，值除夕跟初三，初一、初二要補眠。我猜她應該會覺得我很小氣，這樣的辛苦工作又是醫師，少說一個月也應該賺個十萬二十萬，居然只給一萬。

她如果像我這樣的工作時數載瓦斯，一個月也不只賺五萬。這天又是個雨天，媽掛了電話繼續穿上雨衣載瓦斯。

除夕夜，27 歲，在台大地下室 B1，我啃著的漢堡，想著樓上的 15 床病人，今晚可能過不去，想著想著，漢堡吃完了，趕快上樓吧。整個 B1 空蕩蕩的。

當上了醫師，沒有一餐我不是五分鐘吃完。內科同學室友總是覺得我很奇怪，胃潰瘍藥為什麼總是會提早用完？

29 歲，第四年住院醫師，也就是總醫師，再熬完這一年，就可以升上主治醫師了。

傳說中的主治醫師，薪水就會三級跳了。總醫師開始看門診，很巧我的高中同學帶個未婚妻來看門診，他告訴我他交大畢業後 22 歲就到竹科上班，現在已經是工程師主管，他去年配的股票賣 1000 萬，很高興要結婚了。我記得當初在班上的在校成績他大概是中前段，睡的好像永遠比我多。

我今年也要結婚了，但是我正在傷腦筋婚禮的預算，我在醫院旁租了一間 20 坪的舊公寓，一個月要 2 萬 3。

總醫師的薪水一個月還是五萬。岳父大人來幫我整修租

的房子，免費，因為她心疼女兒好好的房子不住，要嫁人住鬼屋。最重要的是嫁的人是醫師居然還是租鬼屋，傳出去多沒面子。

岳母大人朋友是開珠寶行的，她一直覺得我很不愛我老婆，勸我岳母要三思，否則醫師給的訂婚鑽戒怎會選 0.26 克拉？

30 歲了，我終於如願升上主治醫師，因為我這四年來表現都很稱職，而我專科醫師是第一名。

認真工作的一個月，我很興奮的打開薪水條，NT$89,000.-。

我問同辦公室的主治醫師怎麼會是這樣，他幹主治醫師快 20 年了。

他說就是這樣啦，未來也是只能這樣啦，反正現在的健保制度下，以後就是這樣啦，沒有變少就不錯了！

問他那他房子怎麼買的，他說是爸爸寫參考書賺了老本。

我沮喪的下樓買咖啡，遇到大學同學，問他升上主治醫師的感想。

他說沒有，他現在重新到皮膚科當住院醫師。我說你頭殼壞了喔，何苦再熬四年辛辛苦苦，領五萬塊，連載瓦斯都比較多。

他說，他的抗壓性不足，這四年來他週遭的所有人都被病人告上法庭，無一倖免。每天都只能睡五、六個小時還被惡夢驚醒。因為她每天都夢到自己被判刑或是要賠 1000

萬。他這一輩子不可能賺到 1000 萬。所以還是到皮膚科再熬四年。

我告訴他今年別的醫院皮膚科也有人挨告，他當場沒有昏蹶過去。

故事寫到這裡，再也寫不下去。

如果有人知道最後是這樣，當初還會決定走這條路？套句某家銀行現金卡的廣告詞「你一定是瘋了」！我想我們剛好是最後的一批瘋老鼠！

除痣、去斑、動手術要注意些什麼？

我們研究「密醫密術」，這當中有偏方跟特別醫學的理論效果，但並不被當今主流的醫所完全接受。好像我發現很多人得了癌症（cancer）；現代的主流醫學主張動手術開刀切除；動手術好像把檢查出來有癌細胞的地方挖乾淨了，但是癌細胞還是有擴散到淋巴、血液、骨骼、骨髓或蔓延到其他器官的可能，3、4 個月後再做檢查原先在胸部的癌細胞又蔓延到其他器官，這就是西醫的缺點。身上長了一個痣或肉球、肉疣，割掉了為甚麼還長？或者在別的地方又冒出來了呢？背上的割了為甚麼又會竄到肝膽呢？林大師研究很多實例，得到的心得是：就像你天天吃東西這個食物的營養，該送到哪一處，都有一條固定的路徑。正好比送報的報僮，送報的路徑，都是事前規劃好的一樣。你動手術切割掉了癌細胞，卻沒有通知總樞紐，就像送報的報僮還是習慣將

報紙扔進屋裡來；今天扔門口明天扔在院子，後天扔在池塘邊……日積月累又開始蔓延開來（割掉了乾淨了沒通知報社要停報，報社也沒有告訴報僮不要再送報了）。西醫缺乏的是一個後續的告知動作，所以報僮還是天天送報來，不丟門口（因為你已經割掉了這顆肉疣），但是西醫後續的告知手續未完備，所以每天還是會丟一份報到院子、到游泳池……所以肉疣雖然割除了，但是日後還是會固定在同一個地方長，或者動過手術的傷口附近蔓延、滋生。

林雲大師說，讀者中若有人動了手術，不管如何，術後最好建議病人要經常練「十指連心」跟「大日如來」。如果醫生實在查不出病因的暗疾；就該調整明堂這個位置。

色盲是不能根治的病。但是我們還是建議他用穿著的方式來調整，可以這樣試，試久了就會有奇蹟般的效果出現。

聽覺的出世解，在病榻中、或者有病的人可以讓他多聽「唸佛號」的音樂，有急躁症的人聽慢的佛樂，不快樂、不開心者，多聽有激勵性的音樂。

市面上看到很多佛樂、聖歌、各式各樣的宗教音樂光碟、錄音帶；誰有需要都可以放給病人聽，咒力高強的 CD，具有靈療的神秘力量。

嗅覺的出世解，在進病房大門、後門（含偏門、側門、邊門）擺有香氣的花，書房、廁所也可以用有香氣的香精或者用橘皮、鮮花來調整。或者用大蔥、大蒜、生薑、辣椒、韭菜這五種蔬菜捻碎，讓濃烈的氣味在每個房間都聞得到；這個解法可以防 SARS 或有異象、孤魂野鬼、怪病纏身。尤

其是免疫系統有問題的用這個出世解最靈驗。免疫系統有問題者除了上述的做法之外；還要在九天之內選擇一天生活起居包括衣、食、住、行、育、樂都反向操作；跟尋常日子不一樣，比方說喜歡喝甜的當日改吃酸的。睡姿習慣睡右側者改成趴著睡或睡左側。或者不愛說話的人一天之內要有 9 次爭取主動說話的機會等等。

　　但很愛講話的，要選擇一整天不說話。不要以為密宗黑教只教人「封門術」，不教「封口術」，如果讀者中有需要將這個密法傳給誠心的有緣人士，記住至少要收取 27 個五元美金以上的紅包。才能傳授。

　　相生相剋的原理：病人住的房間，吃的東西穿的衣服，都可採用五行相生、相剋的原理來搭配。舉例來說吃五穀米對身體很健康，用五行來入菜，林雲大師說：廟裡有很多位熱心默默行善的義工，經常為祂準備五行蔬菜湯，裡頭放的

是白蘿蔔葉、紅蘿蔔、金針、黑木耳、牛蒡。

病人實在說不清也不知道身體哪裡不舒服，就調整明堂。

明堂為甚麼是黃的呢？因為植物、動物死了，都要埋到土裡落葉歸根。

如果知道病人他是心臟不舒服、有病，因為「心屬火」所以吃加有綠色、藍顏色的食物對他好，心臟會強健、更硬朗。「肝屬木」、「脾屬土」、「腎屬水」、「肺屬金」，所以這些臟器有問題，可以遵照以上的原則來調理。

根據上表我生或生我的顏色，心臟過盛性情急躁、鬱悶、過動的話先用我生用黃（土）的把過旺的氣先瀉掉再用剋我水（黑色）再滅一點；才不會傷人。不懂的人會以為你做錯其實這段也是密中密你會這樣用；表示你的段術更高明。

所以前面正常的來調，用我生、生我的來調。

密中密是採用我剋、剋我來調整病人。

學生發問癌症是用過旺來調、還是普通的性質？林大師說癌症是用過旺來調。

學生問腹腔有問題先後看過了西、中、密、藏醫，也調明堂了；還有甚麼可加強的嗎？林大師給的建議是：讓他練十指連心，還有要在臥室或病房加有生命力的盆栽來調整。

木是肝，如果肝有問題要喝酸的飲料或餐點。

眼睛是火，心臟有問題一伸舌頭就知道，建議他要吃苦的食物。

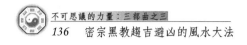

從靈學的角度來看吃大蔥、大蒜、生薑、辣椒、韭菜這五種食物，用味覺的刺激是可以調整免疫力的問題，不愛吃的酸、甜、苦、辣者偶爾都要淺嚐一下，好喚醒、調整他的免疫力失調的問題。

觸覺方面的出世解，一般在大廟、教堂門口有聖水，看哪兒疼；就取聖水摸你自己不舒服的地方，如果你頭疼摸一下藥師佛的頭部，信耶穌的你腳疼可以摸一下耶穌的腳。哪個部位疼，你就摸自己所相信神祇的那個部位。道教也有用這樣的方式來改善病人突然的不適。

密宗黑教從特殊的靈學角度研究：人也好、動物也好，突然遭受侵害的時候，他都會想盡辦法來保護自己，全身發熱，全身上下的免疫系統都被喚醒，當人被嚇一跳的時候，甚至連頭髮都會豎起來……；即使你沒有免疫性系統的病，突然讓他緊張一下，免疫系統都可以被鍛鍊的很強。

為甚麼有人主張吃白肉不吃暗色的肉？因為動物被宰殺的時候，免疫力起作用所有的毒素、幽怨、恨意都出來了，所以有人主張魚的皮、雞的皮不要吃。懂得養生之道的現代人都主張吃白肉；因為白肉在處理上先放血，沒放血的話，肉裡有怨、有業障、有動物的恨、跟幽怨，所以大家漸漸都贊成吃白肉；因為暗紅色的肉裡面含有動物的幽怨、恨意……所以你吃了這樣的肉，下輩子也會變成動物被人類所吃。醫界也證實停經婦女愛吃牛肉者，易衰老。

樓梯的手扶梯，有一段用「毛皮」裹住扶手；或者台階上有的用木材有幾個台階用洋灰，這樣不同的素材，讓經過

的人提神、提氣對他的身體免疫系統也有幫助。

99 天之內你的房間臥室、書房的擺設，也可以更換 3 次配置這就也算是用觸覺來調整風水的好方法之一。

從觀想用「意」來看：把任何事情都想到好的方面，任何壞的事情你都想成這是好的。這種奇奇怪怪的房子對我是最好的，這個又暗又黑的房子最適合我住、你可以將犄角、樑柱當成是保護你的佛，沒錢的你也不能花大錢改來改去，這時候你最好在牆上掛「天官賜福」或「泰山石敢當」或用「二十一度母咒」，來震住家宅、保佑你。

房子不僅稜稜角角、房間又小，你可以用一錢的硃砂、用 9 滴酒，用中指調勻（男左女右）唸 108 遍大明六字真言，寫上「抬頭見喜」，乾了也不要主動擦掉，過幾天字跡清晰，甚至自動消失不見了，也別擔心，這個靈氣永遠存在。

講義上都有天官賜福或泰山石敢當的英文翻譯，大家有空回去，詳細看。

註：中國有東西南北四座山，其中在東邊的；東嶽泰山的石頭又有一說是泰山有位石敢當在，諸神退位。

大悲水的效能

仰仗著佛法無邊的威力，大悲水能治一切大小疑難之症。

佛門密宗黑教的密醫密術當中；林雲大師曾親自傳授如何用大悲水為自己或親友消災、解厄。

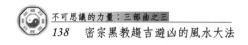

大悲水的做法是，首先服大悲水前必須素口，準備一大杯白開水，如果家裡有佛龕；可以在佛前靜心默禱，可以背誦 9 遍靜心真言。

之後念 9 遍大悲咒，（如是持藥師佛解冤咒要念 27 遍；如是持大明六字真言要 108 遍），念好要後要向著杯口吹一口氣，分九口喝下。

（如孩童或病者無法念時，凡有關係之人均可同聲代念）。

大悲水防火災法：除用大悲水遍灑居屋可免火災外，如念咒者功德圓滿，能使四週鄰居法益均霑，不遭回祿。

大悲水可以有除穢、薰香有除瘴、避邪、防煞及清淨環境、嚴淨道場之作用。

一般來說，若你本人或親人被沖煞到，除了求「大悲水」可服用外，對環境氣氛的改善也有極佳之功效；是禪坐靜修、淨化環境、禮佛拜拜之上上品。

科學家曾經做過實驗，一個修行人很專注地用「意念」來改變一杯水。他們就用兩種種子：

第一顆種子是泡過鹽水，種子泡過鹽水，你說可不可以發芽？當然不可以發芽。

第二顆種子也是泡過鹽水，可是這種鹽水濃度不高、時間長。

第一顆種子泡的鹽水濃度很高，時間也很長。

還有第三顆種子，是正常的種子。

然後，他們用正常的水來灌溉這三顆種子：

第一種種子會不會發芽？一定不會發芽。

第二種會不會發芽？也不會發芽。

第三種會不會發芽？「會」！因為是正常的種子。

可是，如果你用意念水來灌溉的話：

第一種是不會發芽的。

第二種是會不會發芽？「會」！

第三種那當然「會」！

第三次實驗，用第二種和第三種來做比較：

第二種是用意念水灌溉。

第三種是用普通水灌溉。

結果，你用信息水去灌溉的第二種種子，它長的比第三種種子更茂盛。

所以我們就知道，我們佛教裡邊－佛法是超科學－更有許多時下科學界無法解釋證明的。

經典裡面，有弟子問釋迦牟尼佛：「在我們世間上什麼樣的東西速度最快，釋迦牟尼佛就告訴那個弟子說，我們的『意念』最快。」

人能了解大悲水對人體身體健康的重要性，讓有緣人能夠喝到優質的好水，讓所有的人都能健康、更願全天下的人都能珍惜，愛護水資源。

朋友有通財之義，朋友開口要周轉借錢、我的經濟能力又幫不上忙。該怎樣婉拒呢？

林大師說：有一對很好的朋友去打獵，子彈都用完了；山林卻竄出一隻老虎。

正在危急的時候；某甲急著穿鞋；某乙說逃命都來不及了你還有空穿鞋？幹嘛……某甲回答說：穿好鞋子我逃命比你快呀！

所以真正面臨性命交關的危急狀況時，很容易看出誰是益友、誰是損友？俗語說的：患難見真情。

如果讀者有剩餘的錢有經濟能力，了解這個人會還給你。或者有人用錢太精明；沒有朋友，因為他算的太清楚了。

第一次如果有朋友需要周轉借錢；他確實需要幫助的話。你可以本著「施人甚勿念　受施甚勿忘」的精神，朋友有通財之義，有錢可以濟助朋友一時的困難，這也是一種財布施；借出錢的一方應當了解；確定對方一定會還錢，要觀想自己的財氣還留在自己的身上，給對方的錢，是現金也好、是支票也好，你都觀想給對方的只是一張紙、不是錢，觀想自己的財氣還停在自己的身上。

林雲大師也建議財運欠佳的讀者，可以到 9 個不同的地方取水 2c.c 的水；將財水擱在做飯菜的瓦斯爐上，隔一夜，取用兩滴，將水倒入手心，用力搓乾；觀想財穩穩當當地進手心。

終身大事的抉擇

感情讓人執迷不悟，父母反對子女所決定的終身伴侶，到底夫妻是孽緣、是善緣？林雲大師說：兒女要堅持己見，子女有判別是非的能力，只要兒女快樂，父母最好要成全，因為這是子女自己的選擇。

如果兒女還沒成年，父母可以告訴他；如果子女的智慧未開，他偏要接近孽緣當父母的也不要跟他硬拗。

密宗黑教建議對自己終身大事的決定，無法得到父母的贊同；這樣的子女最好調整智慧用「日月光華鏡」放在枕頭下 27 天，做之前先背「波羅蜜多心經」，第三個九天，一醒來自己的觸機會接受或另作安排，他自己會做出最好的決定。

「日月光華鏡」。這是用來加強桃花運最好方法。首先拿出一個雙面小圓鏡子，一面照太陽 24 小時，另一面照月光 24 小時，之後放在自己枕頭下，每天睡前用白色手絹各擦 9 遍，擦拭前；要念九遍「靜心揭諦真言」，並觀想目己的桃花已經由這面鏡子放射出去，照在有緣人的身上。

連著做九天，27 天之過後，「日月光華鏡」可以收好。

用「日月光華鏡」可以調整智慧，做法是：用太陽光跟越亮的光來影響你的腦波，用一個雙面圓鏡，一面照滿 24 小時的太陽光，另一面照射 24 小時的月亮光，做好後；放在枕頭底下，每天清晨醒來的第一件事，就用白色手絹兒輕輕擦拭，擦的時候要觀想；這個出世解會影響你的心境、心

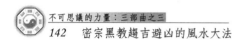

理、心情，讀書會順利、忍耐力會增強、智慧會增寬。你的人氣會越來越旺、智慧增加了，有緣人、良人現前；你會做出最聰慧的決定。

母思

　　寫到這兒想起林雲大師的詩作或祂挑選的座右銘訓勉、嘉勉同修的；都深受愛戴，「母思」這首詩祂 17 歲時寫下，（收錄在今日新詩第五期西元 1957 年 5 月 1 日出版）恭抄錄如後。

　　月兒在中天高掛
　　單照著這冷落淒涼的家
　　屋兒角上的時鐘，
　　— —滴答！滴答！
　　掀起了 孤兒的愁緒，
　　激得他心亂如麻。
　　獨自躲在樹底下。
　　羸弱的瘦影，
　　一動也不動，
　　癡思、長嘆、
　　熱淚卻濕滿了雙頰。
　　啊！啊！重憶起了她老人家。
　　三個孤兒的慈母；

三個弱女的媽媽。

記得二十年前的月夜，那兒正是旅居北平的家。

山頭時兒旁的花磚桌兒，綠茸茸的紫羅架下，

夜夜，她全聚集了我們；

賞月亮、說笑話，講故事、話桑麻。

一直到了子夜，月亮才照倦了媽的明眸；

涼風搖曳著她的頭髮。

還有一個淒涼的月夜，

那正是母親返台的前夕，

心月的鉤彎，老樹噪鴉，

媽緊緊地摟住了我說：「雲石！雲石！我明兒就回老家。你得聽從兄姐的教訓，妹妹太小別竟逗她。」

我噘起了小嘴；「媽！媽！您多久才能回來呀？我好想跟您要錢花！」

媽微微地笑了，順手掏出了兩毛錢，淚水卻簌簌地落下。

從此，再也看不到媽的影子，等待！等待！從嚴冬等到春暖，打立秋候至立夏。

楊柳青了，燕子歸來。

新月偏照著洋磚桌兒，籐蘿開滿了紫色的花，可是，再也看不見她老人家，

媽！媽！您幾時才能回來呀！

母難日

知名的詩人余光中先生也寫曾經寫過一首相近的詩作；這篇詩作的題目是「母難日」。

今生今世
我最忘情的哭聲有兩次

一次在我生命的開始
一次在妳生命的告終

第一次我不會記得，是聽妳說的
第二次妳不會曉得，我說也沒用
但兩次哭聲的中間啊
有無窮無盡的笑聲
一遍一遍又一遍
迴盪了整整三十年
您都曉得我都記得

居家生活風水

夜總會附近的房子可不可以買？脫手困難？

林大師說：可以買；不用刻意避開。因為鬼沒那麼可怕；人嚇人，嚇死人的事，倒是常聽說，「夜總會」附近的房子，可以買；但是要做密宗黑教的出世解。

林大師說：解法有二種（擇一來做即可）

做法 1.用硃砂酒，用新筆、新墨，用圓形的黃紙，或者在木頭上，刻上「乙善」或者寫上「乙善」，裝飾好的硃書乙善二字，懸掛在夜總會的來向。就有破解的效果。

或者方法二：用細長條狀的黑色紙，用金黃色的筆寫上「鬼見愁」落款下署名「姜太公在此」。這個出世解放在屋裡、或屋外對著夜總會的方向。是正面對到就放在正面，是側面對到，就放在側邊。

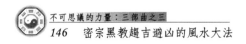
水電代表的是人體的消化系統、血液系統

所以有時候我去探望朋友，朋友如果說他有血液方面的病或者排泄系統方面的病或者神經系統方面的問題，我都會問他家裡是不是有甚麼地方漏水或者燈不亮。如果有人腳痛、手痛、脊椎有問題，大門代表的是頭（臉朝下）所以該在哪裡調整你要會觀想做調整。（page74 有圖）

種在院子的樹，東砍西砍也會傷到你的四肢。因為密宗黑教認為任何物體只要一成形就有靈氣，所以樹也有靈氣；在不得已的情況下，非得傷害到樹，要如何讓樹靈平靜、祥和的離開而不騷擾屋主。本教有特別的砍樹時唸的咒語可以持誦：

Om Ma Wa Te Ma Hi

Mo Ha E Ma Ho Ma Ye

Ru Pa Ye Ta Du Du So Ha

如果家裡種的樹是自然原因死掉的，可以不必做解，如果你要砍掉別的樹；最好用「硃砂米」繞樹的四周一圈，再看黃曆，選個良辰吉時再動手。

屋子也有中線？

主人的臥房在中線後面，在大門虛線外面，這個主人可能天天不回家久而久之就另起爐灶。婚姻會有問題所以在兩

側加鏡子可以把臥房的虛影調到裡面。虛線外面的範圍可以設置書房或者辦公桌這樣你的事業朝向外頭發展對事業很好。

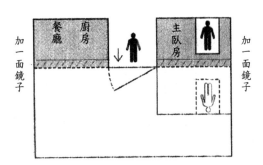

很多東方人大陸人、香港人、台灣人請 BLOKER 找虛線在外面的房子，但是他的太太聽過林大師的課，所以就算買了，太太還是可以加鏡子解掉這個問題，當男主人一有邪念的時候就會想家、想太太趕快回家。

如果主管的辦公位置選擇一個在虛線外的話，公司要賺大錢會很吃力，所以公司主管、負責人的辦公桌如果在虛線外，考慮發展還是要選擇可以掌控全局的位置。

有人提問，我家門外的犄角處有棵樹被鄰居砍了，犄角上的樹被砍傷了，該怎麼辦？二哥說：記得在樹上加一個花盆可解。或灑朱砂米也可以解掉不好的氣。

我們不是醫生，以上所建議的密醫密術，僅供參考，不能也不要強迫不相信的人採用。

還有書本上提到的法物：如簫、水晶球、十帝、五佛炮竹等等，所有的法物如果是曾在佛龕上、或是有靈氣的廟宇

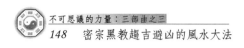

（不一定是雲林禪寺、林雲禪院、或世界各地的雲石精舍），
供過九天或二十七天之後，做解的效果特別靈驗。

菲國總統柯拉蓉曾問過林大師怎樣提高人民的士氣？

　　菲律賓人民群起推翻執
政 20 年的獨裁者馬可仕之
後，艾奎諾夫人柯拉蓉‧艾
奎諾（Corazon Aquino）1986
年接棒的女總統也曾向林大
師請益；希望大師可以提供
出世解；來提高菲律賓國人
的民心士氣。柯拉蓉總統
說：菲律賓的男人走路都不
抬頭挺胸，不能夠奮鬥，怎麼辦？

　　菲律賓這個國家五十年前有美軍駐紮很強盛的，大師當
時給的出世解是：請柯拉蓉總統讓他們的國家的女性穿著高
跟鞋；從目前的一寸多；再增加個幾寸。林大師說：女人穿
的鞋子高了幾寸，腳墊高；家裡垂頭喪氣的男人，很自然的
就會昂首闊步抬頭挺胸，氣定神閒了。當時林雲大師也告訴
艾奎諾夫人總統府該怎麼調整機場、怎樣國運可以更有好的
發展；艾奎諾夫人也讓隨行的秘書一一記錄下來。

　　但是菲律賓這個國家日後的發展；每況愈下，台北大街小巷見到許多「賓妹」飄洋過海來幫傭；顯見言之鑿鑿聽者藐藐……，真的很可惜！因為國家的機場、港口就是代表國家的大門、乾卦代表的是貴人、是遠行、是父兄，所以調氣的方法很多，讀者間接透過我的筆記摘要整理；心誠意正的使用密法；林雲大師說：同樣有效。

　　想到一個有趣的公車笑話：有一個阿婆，在公車站牌前攔了一台公車。

　　車門一開，阿婆就問司機：「司機啊！請問你有到行天宮嗎？」

　　司機回答：「有啊！」這時阿婆並沒有上車！

　　只是點了個頭，回答了一聲「哦」，便繼續向前走。

　　司機覺得奇怪，我已經回答妳了，怎麼妳還不上車？

　　熱心的司機體諒阿婆年紀大了，便跟著阿婆後面，緩緩的將車子向前開，車門並沒有關上。

　　司機：「我有到行天宮哦！」阿婆：「哦！」

　　司機：「真的有到哦！」阿婆：「哦！」

　　司機：「我真的有到啦！」這時阿婆不耐煩的說：「……我知道啦！我明天才要去啦！」

林雲大師公開過的密法有同門金剛師兄、師姊的著作可以參考，在此不再贅述。（詳如後附書單）、一片冰心在玉壺、竹筒連心保平安、沉澱面、大日如來、觸機脩持法、藥師佛祖六氣祛病法、些子法等等，希望大家可以同等珍視之。

人體跟房形的配置

下水道是泌尿科系統、窗戶代表眼睛。

所以如果有人眼睛不好，是離位。在八卦中調整離卦；也調整窗戶（好好檢查你住家的窗戶一定有破損或者有裂縫千萬不要捨不得換一扇）這樣做更周全。

如果已經建好的房子你還要加裝冷氣、要打洞、要推出去、加天窗；這就象徵屋主你有動手術的徵兆。因為房子的外殼敲敲打打，500天之內主人可能要動手術、或者動刀、如果房子要開天窗、打洞，敲敲打打一定要「看日子」。工人到現場施工的時候，主人都不要在場盯著施工的人敲敲打

打，你只需要告訴施工的人要做哪個部分就好。讀到這段的讀者又得到一個出世解，最好再用「硃砂米」到他敲打過的地方灑九把硃砂米，觀想吉祥留住。

如果建築設計師不信這套不必勉強，你自己做就好。因為密宗黑教我們的主張是「大叩不鳴、小叩小鳴、不叩不鳴」。我們不會在馬路上告訴人家說你不這樣做有罪；不照我們的做法不行；我們只是提供一個更周延的方法，要做不做，隨順因緣，千萬不要熱心過度、過度勉強。

門雖設、而常關、好久不開，或者門後擺放東西；久而久之就會發生；事情要成不成、或夫妻、婆媳、孩子鬧情緒的現象。門雖設、而常關著是會影響人的呼吸系統。氣通了就不會受堵塞、身體好、情緒佳，連帶的事業都會順。

屋頂矮、空間狹小、住起來有悶氣的感覺，這種房子住久了的人，情緒低落、性情畏縮有意志消沉自殺的氣。

牆上相對的牆設置兩面鏡子，鏡子越大越好，從鏡子裡看到的人，要能看到頭，最起碼還要照的到人體膝蓋以上的部位。

漫談養寵物

家中飼養寵物也是風水的一部分，不可不慎。

喜歡養寵物的讀者要注意，有些動物在風水的角度是吉祥，有些就不然。

　　按照林雲大師的說法，家中飼養寵物也是風水的一部分，不可不慎。

　　林雲大師數年前在美國紐約波士頓哈佛大學的演講時，曾仔細回答一位外國學生所問的養寵物該當注意的問題。

　　林大師說：以養貓、狗來看，一般說來都不錯；可是狗比貓忠實。

　　貓比較現實，哪裡有得吃就到哪。

　　狗會跟著主人，不論主人貧富，所以哪天你家的貓兒走失了，就表示您府上的伙食沒有別家的好。這也代表您家裡的家運可能會出問題。從民俗的角度來說：白腳黑身體的貓、狗都不吉祥，應該避免抱回家。同一屋簷下，養養在家裡的狗，數量也不要是兩隻，因為兩隻狗的中國字的就是「哭」；養狗的主人恐會招來哭喪的氣。

　　醫界人士也證明貓咪、狗兒的靈敏嗅覺；以嗅細胞來比較，狗有兩億個以上的嗅細胞，人類只有五百萬個；人類的嗅黏膜只有三平方公分，而狗可高達三十平方公分；加上狗大腦的嗅覺中樞十分發達，因此嗅覺能力實際上超過人類的一百萬倍以上。

　　美國羅德島的安養院，有一隻非常神奇的貓咪，這隻貓咪已經有 25 次準確地預測出哪個病患即將往生。牠會先依偎在病患身旁，陪伴他們度過人生中最後的幾個小時。

　　這隻兩歲大的奧斯卡，大眼圓睜，模樣可愛，從小就在

安養院長大，六個月大時，就會自己跑去巡房，預知未來的能力也讓醫護能把握最後時間，通知家屬前來。而且還具有超能力，只要牠走進垂死老人的病房，不出四小時，病患就會與世長辭。

神準的本事讓會打911報警的狗狗望塵莫及，奧斯卡能未卜先知，靠著這項特異功能登上了新英格蘭醫學期刊，專家認為貓向來感覺靈敏，可能是從患者的氣息或動作中，察覺到死亡的腳步。

這些受過訓練的狗狗，聞得出癌症患者的氣味，還有貓咪和奧斯卡一樣天賦異秉，經常拍打主人身體的某個部位，主人這才知道罹患癌症。

偵測癌症、預知大限，貓、狗神醫的功力也令人佩服，可惜驕傲的人類對這方面的研究仍嫌不足。

老鼠是夜間出沒的動物，牠門偷吃東西鬼鬼祟祟，所以老鼠又叫「耗子」。在家中養老鼠（亦包括天竺鼠）意味著你養著一堆小人，也許終有一天你會遇到小人的問題。可能被偷、被搶，或者有人在背後惡意中傷或惡意的批評你。

鳥類一般是好客的，尤其會模仿人類講話的鳥，像鸚鵡或八哥，也許牠們的前世曾是人，所以這世也學人說話。貓頭鷹不吉祥，牠們象徵的是壞的靈子，好比暢銷書哈利波特書裡，貓頭鷹被當為信差，也是在夜間出沒，所以被用來和靈界溝通。如果在大白天見到牠們，代表最近會有惡運降臨。

爬蟲類如蛇、蜥蜴，如果樣子長得很嚇人，就不宜養在家裡。

　　魚是好的而且吉祥，因為魚兒可以悠遊自在的游來游去。如果家裡的魚缸裡養九條魚，（八尾紅、一尾黑）對調整家庭的財運會有幫助。

　　烏龜代表長壽，如果在屋宇外頭，發現烏龜出沒代表吉兆。

　　青蛙也是好的寵物。在日本，青蛙稱為「KAERU」跟回家同音。所以又象徵著失去的青春和錢財都會回來。有些日本跟中國的飯館前面都放著青蛙，也是希望透過這個吉祥物帶回財富上的豐盈跟青春的泉源。

　　兔子聰明、溫馴，是好的寵物。

　　馬有馬到成功的意味兒，代表富貴吉祥。

　　猴子代表智慧、靈活也是和人類最接近的靈長類動物。

住的品質

　　建築物對環境和人的影響甚鉅，強調節能、低污染與環境和諧共存的生態建築和綠建築，早已成為趨勢。

　　1996 年美國將永續設計納入建築師的職業範圍中，台灣也年全面實施綠建築標章。

　　2005 年日本愛知博覽會以「自然的睿智」為主題，傳達人與自然環境共生的概念。

　　其中提到具降溫、減碳功效的植生綠化牆（讓綠色植物爬滿外牆）運用漸成流行，從居家到辦公大樓，大量的綠色植物已成為現代人生活中的一部份。

如今這種自然生活美學，更成為一種新的居家生活方式，愈來愈多人在身體力行。

綠色居家，一種新的生活方式

在北歐，用廢輪胎、杯子和回收瓶罐做成創意燈罩、碗盤和各種生活用品，永續設計的概念已然在居家生活中成形。

投注英、美生態建築設計領域二十多年，建築師大衛・皮爾森在《設計自然屋》書中提到，自然居家應涵蓋生態（你的住家是永續的嗎？）、健康（你的住家健康、安全嗎？）和心靈（你的住家有和諧、友善的感覺嗎？）三個層面。

他觀察到，不少建築師挽起袖子和業主一同嘗試與自然融合、節能省電的房子，他們不斷實驗，如利用太陽能、風力和水電、當地木材、用最少的裝潢和材料資源，創造出獨一無二的自然居家。

譬如位在美國墨西哥乾燥沙漠地帶的 Earthship 營房民宿，從太陽和風轉化電力，水源來自雨雪，營房全由天然和回收材料做成，隔間牆用鋁、鐵罐和玻璃罐堆砌而成。雖然外觀看來奇特，但住起來舒適溫暖，可煮餐、洗熱水澡，還

可仰望滿天星斗，不少人居住過後都興起蓋棟類似 Earthship 營房、擁抱樂活的念頭。

歐美各國為鼓勵民眾將綠建築觀念落實生活中，紛紛提出優惠補助方案。譬如美國有相關的購屋減稅優惠方案，最近紐約州政府更提出，民眾在興建或整修住屋，如符合綠建築標準，可獲得 1 萬美元的補助，另外協助補貼不用一般建材，而改採綠建材時，兩者之間約 5％的價差。

紐約州政府也積極鼓勵民眾設置空中花園。空中花園和綠屋頂可以降低城市溫度，達到減碳功效，「至少從空中鳥瞰時整片都市都是綠色的，」熟稔美國綠建築法規、中華綠建築暨景觀環境學會學術副主委陳重仁說，這種新的都市綠化方案，是希望建築利用多少面積，也相對還給大自然同樣面積。

反觀台灣，通過綠建築的案例少，沒有補助個人住戶，且綠建材價格偏高、不易購買，對於有毒建材或塗料也沒有罰責，加上相關專業人員不多，綠建築觀念始終無法普及到一般民眾。

根據文化大學「居家生活觀大調查」發現，92％以上的家庭不知道有綠建材，也沒有使用綠建材，反而不時誤用有毒或不環保的建材，威脅健康跟環境。

儘管政府不斷宣導節能、用冷氣機應設定在 26~28℃，但實際上卻執行困難。

「我們的住家實在是太熱了，」參與過不少住屋節能改善規劃，綠色公民行動聯盟專案計劃主持人林學淵坦承表

示，鋼筋水泥房子正中午會吸熱，而且到傍晚五、六點熱才會慢慢傳到室內，因此下班回到家還是很熱。

林學淵認為，應先解決環境的物理問題，譬如先做好隔熱和通風，人住得舒適，才可能達到節能效益。

建築標章，不如環保的生活態度

而且，台灣許多人缺乏對家的概念和想像，也是問題。

「我們的住家就像一個夢，一個不切實際的夢，」負責綠建築，台北科技大學建築系副教授蔡仁惠忍不住感嘆，居住者對家毫無概念，把家當成炫耀而非生活的地方；選用昂貴不適用的家具建材、過度的裝潢、強調房間數愈多愈好……。

他無奈舉例說，有位建築師幫業主做了個兩萬多元的典雅法式浴缸，結果硬是被拆掉，換成40多萬元的鍍金浴缸，原因是為了向人炫耀：「我家用的是40多萬的浴缸！」

居住者不知自己需要什麼，不只製造垃圾，也傷害健康。例如不當建材內的室內揮發性有機化合物、高級石材內的氡氣，還有更多被忽視的居家角落，隱藏危機。

我家也有平價綠建築

打造樂活居家，不僅為了地球，也為了自己及所愛的人的健康。

日本建築師中村好文說：「所謂住宅，並非只是一個將

人的肉體放進去，在裡面過日常生活的容器，它必須也是個能夠讓人的心，安穩地、豐富地、融洽地持續住下去的地方。」

在台灣，有一些人開始用心打造舒適、平價的綠建築，追求一個安穩身心的窩。他們省電節能，但不是拒吹冷氣的清貧生活，而是人人都可實踐，舒適愉快的綠生活。

「綠不僅只是視覺，而是一種生活方式，」建築師龔書章也發現到，愈來愈多 30 多歲的案主，不願把陽台往外推，寧願犧牲更多室內空間，去換取一塊可坐下來喝茶看雲的小花園。

綠適居協會發起人，也是今年台達電「節能住宅改造王計劃」（教人如何在居家省下三成的電費）主持人邱繼哲認為，健康舒適是居住的基本要求，他個人對溫度差異非常敏感，因此不得不每天開冷氣。儘管如此，他仍能利用住家 DIY 隔熱牆和通風設備，省下三分之一的電費。

靠綠腦袋做改變調整，讓月付數千元電費的「耗能屋」變成樂活居，這個讓人坐下來就捨不得走的舒適環境，兩個月只要花 500 多元電費。

不需要花大錢重新裝修，只要掌握以下方法，你可以讓居家更健康樂活。

10 個樂活居家的好點子

1. 隔熱、通風最重要

空調耗電約佔居家耗電量四成，如能從建築物本身結構

做好隔熱設計，就能降低住宅耗電量。避免在西曬的向南面或西面開窗；也可加裝室外遮陽百葉或雙層玻璃窗。

2.用天然環保的清潔用品

少用對環境有害的清潔用品，改用最簡單的肥皂，也可讓廚房浴室光潔如新。如要達到殺菌功效，可選擇純精油類的尤加利和迷迭香，比一般化學成份三氯沙的抗菌清潔用品好，《安全購物守則》作者史丁曼說。

3.居家「輕」美學—裝潢愈簡單愈好

裝潢愈簡單愈好，減少材料使用，可避免自己暴露在有害物質中。尤其在家現場訂做家具、木作施工，需要使用大量黏著劑，甲醛含量驚人。

減少隔間和固定式裝潢，買現成家具，或是請廠商先在室外組裝好再送來，都可以降低室內揮發性有機化合物累積。

表示建議的做法是，不大量使用單一建材，而是交替使用各種材質，一方面降低風險，另外也可讓居家更有變化。

4.選擇多功能或二手家具

選可組裝或多功能的家具，省空間又實用。「人會有調整的慾望」一般認為，可移動的家具、可回收或二手舊家具，都是比較環保的選擇。

在花蓮我也見過藝術大師，喜歡撿拾各種舊物或漂流木，他們很會點石成金，桌、椅、杯盤，經過巧手整理，宛如古董藝術品。

把檜木實驗桌、舊椅重新裁切整理，做成長方形的砧

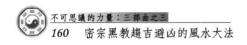

板，木頭的紋理非常美，然後直接當餐盤，創造另一種飲食樂趣。

5. 降功率、省時間

省電節能沒有想像中困難。省電達人們的省電秘訣，就是降功率、省時間，選擇小功率的電器，例如有節能標章的電器用品；或者使用電器時間縮短，兩者都能達到省電效果。

有人在客廳裝電錶。英國研究發現，住家在客廳裡裝電錶，光是每天看電錶，每月就可省下四分之一的電費。

6. 整合彈性的空間規劃

很多空間最初以為理所當然，但最後卻不用。專家說把空間合在一起多重運用，不但空間變寬廣，使用率增加，也減少隔間造成不通風或建材等健康負擔。

公共空間儘量採開放和彈性規劃，各種活動的可能性才會增加，而且可以增加全家人聚在一起的時間。

7. 培養正確用電習慣

電器不用時關掉總開關。尤其待機狀態的電器特別耗電（通常可用遙控器的都是），如同能源吸血鬼，最好使用省電插座，不用時關掉開關。

淘汰 10 年以上的耗電的老舊家電，改用變頻冷氣、冰箱、洗衣機，以及節能除濕機。變頻冷氣產生的省能效果最大，約可省能 15~20%，每晚可省下 4 度電，如果做好居家隔熱，還可多省 1 度電，一個月還能省下 300 元，買我的書。

8. 換省電燈泡

如果你想要做一件事來拯救地球，換省電燈泡是最容易

的選擇。省電燈泡一年可省下 500 磅的二氧化碳，且比傳統燈泡省電 3 倍。

9. 善用節能小道具

居家節能改造經驗豐富的節能達人林學淵說，善用功率計、溫濕度，這類小道具，讓你可以輕鬆達到省能功效。

有開關電源的多孔延長線（省電插座）是省電必備道具。電器不用時只需按下開關切斷電源就好，可省下不少待機電力。建議買 15 安培以上，可以負荷較多電流較安全。

10. 迎接綠意進我家

多留空地給綠色植物，可隔熱、淨化空氣，節能達人林學淵在家裡的每個窗台都種滿植物，不但讓室內空氣清新涼快，視覺上也獲得舒緩。在建設公司負責園藝景觀工作的張精文，推薦一般公寓陽台、屋頂花園、門口可種植以下五種會開花的喬木類植物（高度為 180～300 公分），好整理好照顧，病蟲害少，只要半日照以上的環境，一天澆一次水就好。

◎緬梔（雞蛋花）：葉片大，具有遮陰效果

◎楓香

◎黃金串錢柳：金黃色的葉子很討喜，適合種在大門口

◎馬茶花：開小白花，會有淡淡清香，且葉子不多，適合小範圍區域

◎醉嬌花：枝幹很多，具有遮風避雨功效。

「家有它自己的靈魂，能帶來歡樂和幸運，也能給人安全感，讓人和大自然保持和諧，」生態建築設計師皮爾森曾經說。

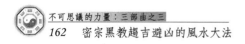
　　只要一點小改變，你也可以體驗一個完全不同的自然居家。

　　電器用完不要拔插頭，而是關總開關以上家電平均耗電最兇，不用時記得關掉開關。或選購節能標章的家電，可省下15％電費。（資料來源：經濟部能源局）

鬆　放鬆　放輕鬆

　　面對任何的境界，不管是多大的逆境，都要先懂得放鬆。比如遇到溺水、撞車的突發事件，我們的第一個反應通常是緊的，這是錯誤的反應。越是緊急的狀況，越是要放鬆。不放鬆就卡死，放鬆才有出路。

　　同樣地，在人際關係的應對上，面對別人的批評，我們的第一個反應也是要先做到放鬆，那是最省力的。然而，我們這一生做防止別人批評的工作，遠多於我們做接受別人批評的工作，這都是錯用力氣。放鬆才是面對任何病痛、苦迫、不如意的最佳良藥。

　　人與人之間的關係很容易因彼此好惡的不同而變得僵硬，很容易預設很多的立場，對立感因而產生，身心也就僵硬了。身心的僵硬是一切毛病的根源，身心只要一緊，血液流量就會減少。要增加血液的流量，就要很放鬆地面對任何觸境。既然事情的發生已經無可避免，就要喜心接受。任何境界，不能更好，就是最好！

　　當遇到困難，不要很用力地想去解決它，要放鬆地讓靈

感進來。懂得放鬆，腦力才能發揮最大的效用，靈感才能源源不絕，這是很奇妙的。不斷地練習放鬆，讓身心流動起來，讓每一個觸境都成為我們學習放鬆的機會。透過不斷地放鬆與學習，我們的心量會越來越大，我們會對生命充滿了感恩。

　　放鬆，放鬆，再放鬆！完完全全地放鬆，不管多苦、多痛、多不如意，不要順著自己的習氣，學習放鬆地面對最苦的遭遇，全方位地體驗身心鬆緊的無常變化。相信吃過苦後，對世間的苦會有多一層的體會，會更有心量去涵容、消化。

　　要達到放鬆有一個很重要的方法，那就是觀呼吸。觀呼吸可幫我們打開身心隔礙、擴大內在的空間。把吸氣看成一種拉入、把呼氣看成一種推出，以呼吸推拿我們的身心。觀呼吸讓我們整個人的空間變大，整個身體輕安起來。用由衷的心來呼吸，每天不斷地練習，用心地體會，我們就會感受到呼吸心法有其不可思議的力量！我們真的可以隨時隨地在呼吸裡得到真正的寧靜。

職場上的趨吉避凶法則

在職場無故被上司「性騷擾」，該怎麼辦？

大師說：你要同情、諒解別人為甚麼這樣對你？先檢討自己；然後每天背誦忍辱歌，「忍辱好，忍辱好，忍辱二字真奇寶。一朝之忿不能忍，鬥勝爭強禍不小，身家由此破，性命多難保。逞權勢，結冤仇，後來要了不得了。讓人一步又何妨，量大福大無煩惱。」言談中大師還說了一句：要樂觀的忍，不要憂愁的忍，忍出病來，憂鬱終身。

還要做「防小人」。

防小人的做法：是準備三根從活公雞身上拔下的雞毛，於午時（中午 11 點到 1 點之間）把雄黃一錢（最好硃砂與雄黃並用）置於白盤子上，以自己的年齡虛數為滴數，用右手中指調勻，持大明六字真言 108 遍；觀想萬佛的佛光照射在硃砂與雄黃中。將三根雞毛浸泡在「雄黃硃砂酒」裡，兩個時辰後取出，持雞毛向四周甩乾。甩的當下要觀想：在自

己周圍的小人，包括知道與不知道的，都會遠離，不再騷擾、留難你；觀想對方或由小人變貴人、化阻力為助力。

這三根雞毛一個壓在枕下、一個放在辦公桌的抽屜裡、一個放在皮夾（或皮包內），隨身攜帶。

名片透露的商業密秘

名片是禮賓文化的重要組成部分，也屬特殊檔案。據史書記載，名片在我國已有兩千多年的歷史，清人趙翼《陔余叢書》卷「名帖」條有詳細考述。

它的形式、尺幅、質地、風格以及在稱呼上，都隨著時代的發展而演變。

在秦漢時期它被稱為「謁」（謁見之意，即拜帖）；後來稱為「刺」；唐朝稱為「牓子」；宋代謂之「門狀」；元朝叫「名」；明朝喚為「名帖」；劉逢《事始》云：「古昔削木以書姓名，故謂之刺；後世以紙書，謂之名帖。」到了清代又稱之為「名刺」，也稱作「名片」。依據教育部國語辭典的解釋為：

載有本人姓名、地址、電話、職位等，用來自我介紹或作為與人聯繫的紙片。文明小史・第三十四回：「原來那三人口音微有不同，都是上海來的，懷裡取出小白紙的名片，上面盡是洋文。」亦稱為「片子」、「片兒」、「名帖」、「名紙」、「名刺」。

名片的收藏價值取決於名片藝術的本身。

越是古老的名片、名人的名片、特殊材質的名片、簽名、題語、稀少的名片，就越具有收藏價值。

著名的蘇士比拍賣公司就以 145 萬美元的驚人記錄拍賣了戲劇天才莎士比亞親筆簽名的名片，被稱為世界上最名貴的名片。

清朝政要李鴻章出使美國期間而特製的一枚 2 米長的名片，被世人稱為世界上面積最大的名片。清朝時期高麗宰相李銀為求索「揚州八怪」之一鄭板橋的字畫而呈來的高40cm、寬 16.5cm、厚 1.7cm 的名片，被稱為世界上體積最大的名片。

目前，在名片收藏家族中，早期名片已很難尋覓，民國以後的名片較為常見。在名片收藏界最難尋覓的當屬名人簽名名片。這些名片可遇不可求，往往一枚名片就是一段難忘的故事。

而有的名人由於種種原因不去製作名片，你去索要，他隨手就地取材，不拘形式地製作一番送給你，這樣往往巧奪天工，其價值無法估計了。

林雲大師說：名片代表你個人的身分，用的巧妙，可以讓人加深印象；弄巧成拙的例子，也不少，希望大家要謹慎。

普通選綠色代表生氣蓬勃，黑字金邊代表智慧，禮盒上也有禮盒專用的紅顏色的名片。

有人的名片字體太小；印名片最好要醒目，但是有人就是只寫上名字；沒有電話也沒地址。

林大師記憶中最深刻的是看過，他父親的友人，當時在

吳佩孚將軍府邸擔任要職的蔣雁行先生的名片（筆者按蔣雁行先生前清軍督練公所參議蔣雁行被推為江北臨時都督）。他的名片就屬這類，不僅名片的 SIZE 比人大一倍，他在當時的聲望也高，只要是大人物，都可以這樣印，掏名片的時候；這三個字一拿出來大家就知道他是誰，這樣的名片就可以展示出大人物的分量重、權勢大。

反之，如果你選用的名片，字體小，小到要用放大鏡才可以看得清楚，這就顯得當事人自卑感很重，站在密宗黑教的角度選用這種名片的人一般來說是屬於怕死型的氣。

如果選的尺寸是一般通用的正常大小。如果有一天你使用的名片比人大一倍，這也顯示你的運勢會有大的發展。

有的印刷廠將名片印反了代表當時的運勢不順；從左到右、刻工製作印反了；都會影響你的運氣，而你自己又失察，還發出去，這顯示你的運勢要走低、公司的名聲要下滑。

有的人為了顯示自己與眾不同還特地將自己的名字反著印，心想大家也都認得出來，其實這樣做無形當中自己的運勢會越來越背，是一種自找麻煩的做法。

另外有人在名片上印上自己的照片 美國房地產仲介公司的 dealer 最喜歡這樣用。

在名片上放自己的照片，容易被人誤會以「色」娛人。

曾經聽過一個笑話，是這樣說的：

一個專業財務顧問拿到新印名片，氣急敗壞的打電話到印刷廠抗議：「你們把我的名片印成「專業顧門」，少印了一個口字，請更正！」。隔了數日，收到更正的名片，上面職

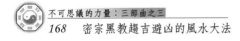
務頭銜印著「專業顧門口」。

為什麼會想起這則笑話呢？家姊最近職務調動，換了一所離家近的新學校；他們學校聘請的保全公司，主要勤務是擔任門口警衛、開關鐵門並維護校園安全，分成早晚兩班，原本希望帶來新氣象，沒想到狀況百出。

一開始以「尚未進入狀況」來看待，所以還能容忍，沒想到才十多天，就撤換了好幾個人員，每換一個，就要重新來過，姊姊要帶著他繞校園，講解需注意的事項，到頭來，最了解狀況的還是姊姊，可憐的姊姊已經不勝其擾了。他們每天要記錄重要事項，呈報給校長、主任，看到他們所寫的日誌，我都快噴飯了，節錄其中的經典娛樂大家。

語錄一：巡視校園，一切 OK「的啦」！

註：主任說警衛叔叔是土生土長的菲律賓人，可是我覺得他應該有原住民同胞的血統。

語錄二：鋸學校的樹木，「超」難鋸的！

註：不錯喔！時下年輕人流行用語也出現了。

語錄三：今天到學校被「屑」了一頓（倒霉）。

註：是「削」吧！還有自己加註解--倒霉，不過這是日誌，不是日記，所以不用寫心情啦！

內容最常出現的是錯別字，例如：收到包裹〈裹〉……等，不勝枚舉，而天氣一般我們都會寫~晴、陰、雨，可愛的警衛叔叔寫~冷、冷冷、超冷=.=。

今天聽說又要換人了，不知何時我們才能找到「專業顧門口」的人？

所以名片上使用照片，一看相貌就容易以貌取人，履歷上；要求「求職者」要附上照片，做為人事單位晉用新進員工的參考、相貌端正的如果附上照片會增加錄取的機率。相傳林雲大師閱人功力高段，大富人家；家裡要圈選褓姆、司機為了慎重其事；也會傳真儲備人員的照片檔案請祂過目，林大師可以從照片上看出要晉用者的信實與否。所以社會新鮮人謀職時給招考單位會要求面試者附上照片，應試者可以多一個被錄取的機會。

工作的八小時是最黃金的八小時，都市鄉村化、鄉村都市化、工作跟悠閒可以調整在同一個基準。古三字經最後一句：勤有功，戲無益，戒之哉。

在遊樂中還是可以學習，上班也可以輕鬆；禮記裏頭「敬業樂群」和老子裏頭「安其居樂其業」那兩句話，斷章取義造出來。大師說的是否與禮記、老子原意相合，不必深求，但我確信「敬業樂業」四個字，是人類生活的不二法門。孔子：「其為人也，發憤忘食，樂而忘憂，不知老之將至云爾。」在在說明了能找出工作的樂趣，投入工作，可使人忘食、忘憂。

今天所講，敬業即是責任心，樂業即是趣味。

說到敬業與樂業，林雲大師也說過一個笑話，是中國某位王公大臣，應邀到英國做訪問，這位大臣，見到英國王子；氣喘吁吁的追著籃球滿場跑，球場裡打籃球的幾個人，擠在

一堆；搶著一顆球；這位不明究理的大臣就開口說：一個籃球能值幾個錢，每個人發一顆球就好了，位高權重的王子幹嘛還親自下場去搶球，搶得滿身大汗？值得嗎？

這是箇籃球笑話，看過中國長城姚明在 NBA 的亮麗表現，都知道嗯……籃球規則就是要大家靠搶球來得分的嘛……。

只是有時候我也覺得很遺憾，如果大家天天都有的吃、有得穿，什麼都不用愁、也不用那麼競爭，天下應該就太平，人和人之間也都能和平共存了，不是嗎？

但是處在這個競爭越來越激烈的時代，實力不夠的人，很快就會敗下陣來；有實力，才有持久的競爭力，穩操勝券。

公司在選擇主管、培育人才時，最看重的也是實力。衡量人實力的標準、憑藉的多靠的是第一印象。

所謂：一命、二運、三風水、四積陰德、五讀書。

林雲大師論「命」，不是宿命，要造命、撥命，用出世解改造你的命運。

累積人脈　調整活水

把自己的氣調成五行適中，不要太偏多，五行的關係不要相衝突的利害，這樣你的人際關係就會好。練氣可以五行俱全，金多的人來壓抑你，你可以用儒家的五常仁、義、禮、智、信來對治。也可以來配合五行，適度的運用密宗黑教的色彩觀，來調整自己的氣、運。

　　有計畫有目的的發展事業，公關人才為了事業有計畫的發展對的人際關係、調整活水。活水的調整方法：每天打9個電話給不同的人，讓自己的關係再重組起來。

　　求名求利，只要事正當的都是好都是需要的，建國、建設、建廟、蓋學校、蓋醫院都要錢，讓人不求利，怎麼可以有建設呢！求的慾望無窮生、老、病、死、愛別離、怨憎會、求不得、喜無常，這都是佛家常說的人生八大苦。

　　揭諦靜心真言、心經心法、無我修持法、都可以幫助改善你的壞運。

女性如何邁入職場的第二春？重振旗鼓東山再起

　　接喜氣的作法：選九樣自己常用的飾物，像是戒指、耳環、項鍊、健保卡、……等等常配掛在身上的飾物，讓結婚當天的新郎、新娘摸一下；希望自己的創業成功、名利雙收，這九樣東西要自己戴。

吐納術　可以排除自己的幽怨

　　應試當天，左腳先進去，先言後語，帶九片新鮮橘子皮，穿衣服的顏色很重要。（請參看同脩陳曉媚翻譯世茂出版的 living color 林雲學色彩觀。）

　　林大師舉例說：今天的氣，想穿紅的，打開衣櫃門兒，

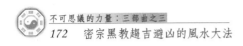

正好就有一件紅衣裳很適合你；但是如果你想穿紅的；可是這件紅衣裳；衣角髒了、衣服皺了、……等等都會影響你一整天的心情。

　　密宗黑教的著衣裝有特別的講究，是看場合、因事制宜的，從事的職業也有不同的色彩觀。身上配戴的飾物也會影響一個人的氣，嚴肅的黑可以用飾物陪襯顯示他的聰慧、高貴。

　　林大師常穿唐裝；會配戴念珠，保持嚴肅但是又有生氣蓬勃的意義，同時念珠都有靈力，隨身戴著就有保護作用。

　　最能顯示權威的形象，可以別上別針；紅色為主或金光閃閃，代表正義、權勢。

　　耳環要戴的舒服，配合出席的場合，可以讓鼻形不好的人；調整人家對你塌鼻子的注意力，不需要花錢冒風險去整容動刀子。密宗黑教的角度戴眼鏡也是很有講究；鏡框的邊兒、最好選擇鏡框邊沿是往上提的，往上揚，代表氣旺、最佳。

　　如果鏡框邊緣的角是下垂的；代表氣弱。金色框顯得高貴、黑邊嚴肅、銀的眼鏡框邊顯得年輕、時髦。

　　香水的味道也算是調氣的作用，嗅覺法：可以調整神經、橘皮的香氣也可以調運氣。香水如果選擇香氣噴人的味道容易讓人造成反感。玫瑰、茉莉花、檀香比較適合正常職業的女性。

　　打電話的初步印象用聲音怎樣調？電話發音改變器，電話禮貌語氣要柔和不要剛硬，得到的是和氣，用剛硬的聲音

得到的會是暴戾的氣。

公司的名字取的很繞口、字也不好認、發音、意義都簡單、明瞭對公司的發展好。

有位很有學問不懂音韻學的王爺爺，幫孫子起了一個好名字叫做「國帑」，可惜他的姓氏是「王」。許多小孩子識字有限，下課直嚷著「亡國奴、亡國奴」，你想孩子這樣被叫，往後的發展可想而知吧！

林雲大師起名字，不喜歡交給別人起，因為姓不能挑；通常祂會選出十幾個好名字，讓相信「姓名學」的有緣人從中挑出自己最喜歡的來用。

公司只有一個高昇的機會出缺，有甚麼出世解？可以用來爭取？

林大師說有的，先練吐納術，因為只有一個空缺，公司不可能讓「雞犬都升天」，除了運氣差、自己還有很多缺點自己沒有注意到，要看清自己是不是在工作上的努力不夠徹底。如果公司的發展有限，自己也可以鋪一條蒸蒸日上平步青雲的路來走，另謀高就，如果陷入死胡同，自己能力不夠、往外發展又不得其門而入，那麼最好把上司看成上帝，好好的跟緊；如果冤枉要自己離開；這就是你的力量依然沒有辦法感動上帝。

以前中國人將下屬看成自己的子弟有的看成朋友，上司

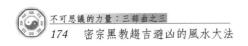

部屬都應該一視同仁，不要把同仁當自己的子弟，靠長官凝聚；眾志成城、上下一心，要通氣、不要講理，好員工有甚麼特徵，在生肖上不要六沖；真有這樣六沖的人還是可以合作；你看他不就是講理也通氣；談情談理談法都兼顧還通氣就是最好的員工。

員工的忠心度，如果公司一昧的用法律來束縛員工；這種效果最弱。挑選員工最好晉用有宗教的中心思想的，同時多觀察、關心他的精神生活層面是怎樣！

辦公室的布置 不要稜稜角角、顏色要清新、舒暢，有生氣蓬勃的境界，顏色忌用黯淡、枯黃沒有生命力的顏色。如果可以按照大明六字的真言的顏色、或彩虹弧光的顏色按照五行相生相剋理論，來調整卦位來布置是最好，辦公室內也可以擺有生命力的魚缸、花卉、盆栽展現出清亮的一面這點很要緊。

甚麼時候辦公室可以擴大經營？

這要看現在你公司人事上是一團和氣、不管現在是賺、是賠，只要公司是一團和氣事業一定可以擴大發展。但是如果公司人和的氣；不在了，你還要選擇這個時機來擴大營業，那麼這種爭奪、忌妒的氣都會影響你的事業發展，發展上也會受阻。林雲大師勸勉大家：人和重親朋、家和萬事興、國和百年順、氣和享太平。

公司選擇合夥對象、大股東，生肖最好不要相沖；除了

講理還要通氣，合作才會有發展、如果開張就先聘用請律師、定下合作法條，一開始就是「訴訟凶」的氣，這樣的緣是很失敗的。

前奇異集團總裁傑克‧威爾許（Jack Welch）曾說：「找對人，就能做對事。」在 M 型社會中，廣結人脈不再是成功的保證書，懂得品人、識人、用人，才能透過人脈創造永續的成就和財富。

林雲大師揭露公開專家，無法在演講或課堂上告訴你的〔M型人脈〕厚黑法則，

讓你了解：人沒有好壞之分，關鍵在於如何為你、我所用？

如你能領悟〔M型人脈〕的心法，用人時心黑如曹操、不要臉如劉邦，黑道白道和三教九流，都將是你的貴人，而不是你的敵人。

在M型社會裡，懂得如何靠朋友或活用、整合朋友的資源去完成任務，要比如何去增強自己的效率和競爭力，來得重要。

但是，世上最大最無窮的資源雖然是人，相對的，最難捉摸也最難搞定的，也是人！

「M型人脈策略」可以讓你輕鬆掌控朋友，進一步做最有效的整合；「人際厚黑策略」可以讓你選對朋友增加助力，進一步利用「損友」的缺點，讓這種人的資源在某個層面轉為自己的資源。

人類的社會，是一個惡人比好人更易生存，甚至成功的

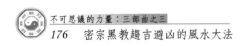
社會。如果你的觀念老舊，只選擇良友，那麼你可能會連一個朋友都沒有。不論事業公務或私人生活，人類是無法一個人獨力完成的。

如果你只以自己喜好或善惡做為交友的標準，那麼你必然很難在這個社會生存。在這個以人多壓倒一切的社會中，與其避開惡友，倒不如多方結交，把對方的惡轉為自己邁向成功的資源。如果你無法認清這個事實，還要對人家刻意要求、吹毛求疵，那麼你只好歸隱山林。

好的精明思慮清晰的律師就會為公司設計出一套好的公司營運法條，同行是冤家、除非你的知識、機會俱佳，欠缺的只是經濟能力不夠，所以你工作上需要單刀赴會時要做密法。因為畫虎畫皮難畫骨，知人知面不知心，對合夥人不是全然的相信時，林大師建議大家用「觸機」來解決。（觸機的練法請見筆者第一本著作「佛門密宗黑教七日禪」）

觀想大家都互相都認為對方是最好的合作對象，依約談判的前一夜，臨睡前念九遍揭諦真言，一早醒來再冷靜想一遍這一整件事。如果你腦子裡連看九遍合夥人從不喜歡變成喜歡；都麼這就算是好的觸機，可以跟他在事業上合作。

經營者的要注意的問題與出世解

如果公司要結束營業；主事者也要心平氣和，只是剛要賠錢、還沒賠錢就算賠錢，也要心平氣和、跟合夥人好來好去。

　　要注意「前手問題」，結束前要做出世解。如果還要在同一個辦公室（原來的辦公室）另起爐灶林雲大師建議我們要做封門術。

　　創辦人向合作對象收取股金的時候，最好將股金放在紅包裏面交給合作人，從銀行轉一手，投資的錢從銀行領出來也放在紅包裡去轉投資，這樣也可以讓新創業的氣象一新。

　　還有接掌一個公司或一個事業的時候要在辦公室做「瓶安簫」的密法。

林雲大師親自指點「瓶安簫」的出世解

　　將簫跟花瓶在新辦公室繞一下，觀想公司的氣運蒸蒸日上、中國人說：竹報平安。竹的竹節；象微節節高、步步高陞，員工部屬、客戶在這個設有「瓶安簫」的工作環境，上班出入都平安。

同時；結束營業的公司歇業以後，休息一下的時間不宜超過 99 天，否則會影響日後事業發展的速度更慢。

如果超過 99 天將錢投入新的事業；財氣散了要再聚合也很困難。至於要投資哪一個產業呢？可以轉行？

林雲大師舉例說明：如果你原來開的是餐廳，另起爐灶最好換成硬性的事業，例如是鋼鐵、磚瓦方面的生意。如果你從事的是軟性的電腦、還是賣衣服，就換成「硬著路」的行業。這就是應驗了密宗黑教特有的剛柔並濟、一陰、一陽出世面的協調。

職場中的出世解

諾貝爾經濟學獎得主卡尼曼：「影響快樂程度最重要因素是人們相處的對象，而非薪水高低、工作壓力或婚姻狀況。」

職場有些員工很懼怕上跟司溝通，要注意懼怕上司也分幾種：太尊重上司或者太尊重自己把自己端的很高？日本的軍事化管理員工使企業的發展更棒，林大師甚至讚嘆日本管理上的效能比美國的好，祂說，美國太講民主，所以上司就會動用手腕、員工也不敢越級報告。

跟上司不合

林雲大師建議有這樣困擾的讀者可以見上司之前，掌握

「先言後語」的原則；觀想你的氣永遠包住上司的氣。同時要深刻先檢討自己向上司多學習，如果還是忍不住再作「另謀高就」的打算。

讓上司多了解你對他的尊重，你再有不可一世的才華；上司總不可能把你提拔的比他還高呀！有的上司喜歡用人才、有的喜歡將員工當奴才（來使喚），更有人生性喜歡當奴才；同時幕僚也不見得非得要擠掉上司，自己才能生存呀！

好色之心人皆有之，讀者碰到性騷擾，或者看到上司以薪津、職務調動威脅利誘時；自己要慎重的想：是不是要靠辦公室戀情，當作平步青雲的階梯？

有這樣心懷不軌的上司也要檢討；萬一東窗事發，身敗名裂遭受攻擊，貪圖一時的享樂毀掉自己大好的前程，值得嗎？

辦公室戀情很難避免身陷當中的男女，若雙方都彼此要將感情發展走向婚姻之路的時候，有一方要犧牲還待在原公司的這個機會，如果有一方耍手段；不適合走上婚姻，發生這樣的事大家都會覺得累贅反而害了大家。保持同事的情誼就好，不要在辦公室發展「兒女私情」。

密宗黑教有一套「防小人」的出世解。

準備材料：三根雞毛（自活公雞脖子上拔下的效果更強）、一茶匙雄黃、一分硃砂、一杯烈酒。

選擇於午時（即中午十一時開始至下午一點），將三支雞毛浸泡於雄黃、硃砂及烈酒的液體之中，浸泡一個時辰（二

小時）後，將浸過的三支雞毛向四面八方的方面（或是小人的來向）甩，想像小人敬而遠之，或逐漸改變心意，不但防礙、阻撓之心意消失並成為助力。之後，將三支雞毛分別裝在三個不同的紅包。一個隨身攜帶，一個置於辦公室或家中辦公桌內，一個放在床墊下。

辭職不是唯一的方法，做了出世解後，你跟同事的相處一切會歸於和諧，但是不能保證沒有其他壞的緣的進入。所以碰到被有侵犯、說話帶刺、或同事又在背後中傷、輕視你的時候，你可以持「五雷護身咒」這個咒語最重要的一點是觀想傳授你密咒的人，林雲大師站在最後面，對方如果也持五雷咒；或許兩方是一脈相傳，大家就有一個化干戈為玉帛的機會。

我們也奉勸讀者碰到人中傷你，這個人當初批評你的原因是甚麼「得饒人處且饒人」，自己也檢討是不是可能你也曾讓對方傷心、有忌妒心容不下別人、或者自己心中有鬼？五雷咒的念法是「五雷咒 五雷 五雷 步步相隨 身穿鎧甲頭戴金盔 吾奉太上老君 急急如律令」。

前幾天到內湖聽一場演講，讓我印象最深刻的是主講者朱平先生，分享如何讓自己做個「快樂製造機」，他談到他每天早晨都會去逛傳統市場，每天都會製造一些快樂給賣菜的老闆們。

比如他買了 23 元的菜，拿 30 元給老闆，說：「老闆，23 元算 25 元，找我 5 元就好。」這些老闆們反應大致上有四種反應：

第一種：起初非常驚訝，之後非常開心地找了 5 元，說謝謝。

第二種：老闆堅持找 7 元，不佔客戶便宜，但老闆很開心。

第三種：是多送點蔥蒜，也很開心。

第四種：是最高竿的反應，「不然我幫你湊 30 元好了，一共是 32 元，算你 30 元就好。」

哇，真是高手，原本是要讓老闆佔便宜的，反過來卻讓客戶多買又有佔便宜的感受，更是個「快樂製造機」。

前日傍晚，我逛傳統黃昏市場時，決定玩一下朱先生的遊戲，暫時改了殺價習慣，想創造點快樂給老闆們。我到一家以前常殺價、討斤兩的攤販前，買了 157 元的青菜，結帳時，剛好聽到菜販老闆對旁人說了一個笑話，非常好笑，我非常愉快地說：「老闆，你好幽默，你的笑話很好笑，157 元算 160 元，這裡是 160 元，不用找了。」老闆笑了，說：「這怎麼可以，不然妳還需要甚麼，我送妳。」老闆便送我一大塊嫩薑。後來我拐到巷口買叉燒包 18 元，拿 20 元給老闆，我說：「阿伯，18 元算 20 元，不用找了。」老闆有點訝異，一時之間反應不過來，還是找了 2 元給我，我笑笑地把 2 元還給他，說不用找，他趕緊又多放了一塊蘿蔔糕給我，從他驚訝轉而高興的表情，我知道我做到了。

回家的路上，我嘴角掛著微笑，哼著歌。睡前在日記裡寫下：「算一算，我多花了 4 元，賺到了甚麼？1.賺到了好心情；2.賺到了老闆的笑容；3.賺到了老闆的謝意；4.賺到

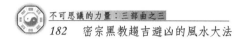

了老闆的友誼；5.賺到了一塊嫩薑和一塊蘿蔔糕；6.賺到了愉快的晚餐。」

當我們決心要當個「快樂製造機」時，就會感染對方，形成一個良性的影響，讓更多周遭的人像我們一樣，成為「快樂製造機」。

附　錄

佛門密宗黑教的主要出版書目

郝培玉　《密宗黑教常用真言手冊》台北　七海印刷有限公司
　　1985

郝培玉　《密宗黑教闡微》台北　七海印刷有限公司　1985

郝培玉　《秘本密宗黑教無上瑜珈》台北　七海印刷有限公司
　　1985

郝培玉　《秘本密宗黑教密醫秘術》台北　七海印刷有限公司
　　1985

柯文雄　《林雲大師與密宗黑教》台北　正道出版社　1985

郝培玉　《秘本密宗黑教密醫秘術（二）》台北　七海印刷有限公
　　司　1986

郝培玉　《秘本密宗黑教鏡如大師斷機掌上學》台北　七海印刷
　　有限公司　1986

李振清、李金銓主編　《林雲大師這個人》台北　久大文化股份

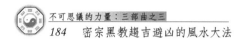

有限公司　1987

李振清、李金銓主編　《密宗黑教看人生》台北　久大文化股份
有限公司　1987

馬盛家　《雲林禪機》台北　華視文化公司　1992

馬盛家　《雲林禪機實用篇》台北　華視文化公司　1994

馬盛家　《雲林禪機密法篇》台北　華視文化公司　1995

鄭善璞　《八卦實用與人生》台北　世界民俗文化　1999

鄭善璞　《現身說法》台北　世界民俗文化　2006

王世明　《林雲學研究（一）風水篇》台北　世界民俗文化　2000

王世明　《林雲學研究（二）氣學篇》台北　世界民俗文化　2000

王世明　《林雲學研究（三）林雲大師所蒐集研究的密醫秘術絕
學》台北　世界民俗文化　2001

鄭明德　《佛門密宗黑教風水觀（上）風水實用篇》台北　世界
民俗文化　2001

鄭明德　《佛門密宗黑教風水觀（下）修持密法篇》台北　世界
民俗文化　2002

包以順　《你不大知道的林雲》台北　蘋果樹出版社　2002

鄭晏如　Feng Shui book for kids and their parents《風水妙用》美
國 Outskirts Press Com 出版　2008 年 2 月

李是欣　《佛門密宗黑教七日禪》台北　蘭臺出版社　2008

李是欣　《密宗黑教雲石師友唱和與答客問》台北　蘭臺出版社
2008

李是欣　《密宗黑教趨吉避凶的風水大法》台北　蘭臺出版社
2008

重要說明

　　此書內容係密宗黑教不共傳之慎重密、尊貴密。敬請萬勿輕易示人或借人轉錄，以免嚴重傷害您本身之名譽、健康、錢財運程等等，特此鄭重奉告。

　　如讀者本身需要傳法時，務必向求法人或接受密法的人收取一個或九的倍數個紅色置於枕下九天。紅包內容不拘。主要是以紅包來保護傳法的人，並表示求法人的誠心。

　　為了尊重密法及保護作者與讀者，請讀者閱讀本書後，郵寄一個紅包（內容隨意）至以下地址：

台北市 104 長安東路 2 段 63 號 12 樓

台北雲石精舍　收

　　　謹祝

法喜圓滿

林雲大師為信徒灌頂祈福

大師回鄉作客拜訪花蓮東華大學中文系創系主任鄭清茂教
授，林雲大師在寓所，提筆寫「諸事大吉」

引吭高歌最能「調氣」

國際知名聲樂家張繾教授領著大家唱歌，佛堂散播著歡樂的氣氛。

瓷磚也可以設計成這般莊嚴，佈置在佛龕上更顯神佛靈力廣佈人間

整個牆面的佛像環繞，靈力盎然

大師返鄉在下褟旅館，依然埋首漏夜趕工，給「求字」的有緣
善士祈福，寫「佛」、「道」字。

大師為中外弟子開示並作答客問

練字、唱歌一直都是大師疏壓、緩和心情的妙招

林雲大師硃書

「調養怒中氣 提防順口言 檢點忙裡錯 愛惜有時錢」座右銘

林雲大師壽宴、謝師宴上的首獎

林雲法王為蘭臺讀者祈福、加持保康寧

心思細密的林雲大師匠心獨具，這幅捲軸墨寶長十餘公尺，
七幅墨寶在其中，在謝師宴上永遠是最聚焦的作品，大師精益
求精、構思作畫之精神，更是令人折服。

大師硃書墨寶靈力甚強，參加謝師宴的弟子最珍視的抽獎禮物。

林雲大師與朱筧立仁波切帶領台北雲石精舍同脩持香禮佛、繞佛

作者的大學恩師馬驥伸先生、黃肇珩（賢伉儷），後立者為同班同學，左起李慶元（台北市議員）王美玉、張慧英仍任職於中國時報）、不可思議的力量三部曲作者李是欣。

國家圖書館出版品預行編目資料

　　不可思議的力量三部曲之三：密宗黑教趨吉避凶的風水大法
　　李是欣著. -- 初版. --
　　　臺北市：蘭臺出版：博客思文化發行, 2008.04
　　　面；　公分. --（佛門密宗黑教叢書:H003）
　　　含參考書目
　　　ISBN 978-986-7626-62-2（平裝）

　　1.密宗

佛門密宗黑教叢書　H003　　　　　　　　不可思議的力量三部曲之三

密宗黑教趨吉避凶的風水大法

作　　　者：李是欣（演講邀約請洽 email：1011shrine@gmail.com）
出　　　版：蘭臺出版社
發　　　行：博客思文化事業有限公司
編　　　輯：張廣儒
美　　　編：J.S
插　　　圖：Arra Chang
地　　　址：台北市中正區開封街一段 20 號 4 樓
電　　　話：(02)2331-1675‧2331-1691　傳真：(02)2382-6225
E - m a i l：lt5w.lu@msa.hinet.net 或 books5w@gmail.com
網 路 書 店：http://www.5w.com.tw
劃 撥 戶 名：蘭臺出版社　帳號：18995335
網 路 書 店：博客來網路書店　http://www.books.com.tw
香港總代理：香港聯合零售有限公司
地　　　址：香港新界大蒲汀麗路 36 號中華商務印刷大樓
　　　　　　C&C　Building, 36, Ting　Lai　Road, Tai Po,New Territories
電　　　話：(852)2150-2100　　　傳真：(852)2356-0735
出 版 日 期：2008 年 4 月初版
定　　　價：新臺幣 350 元

ISBN 978-986-7626-62-2